默多克传

朱丹红◎著

时代文艺出版社

图书在版编目（CIP）数据

默多克传 / 朱丹红著 . —长春：时代文艺出版社，2016.4（2021.3重印）

ISBN 978-7-5387-5116-1

Ⅰ.①默… Ⅱ.①朱… Ⅲ.①默多克，K.R.－传记 Ⅳ.①K836.115.42

中国版本图书馆CIP数据核字（2016）第001707号

出 品 人　陈　琛
责任编辑　徐　薇
装帧设计　孙　利
排版制作　隋淑凤

默多克传

朱丹红　著

出版发行 / 时代文艺出版社

地址 / 长春市福祉大路5788号　龙腾国际大厦A座15层　邮编 / 130118
总编办 / 0431-81629751　发行部 / 0431-81629755
官方微博 / weibo.com / tlapress　天猫旗舰店 / sdwycbsgf.tmall.com
印刷 / 三河市嵩川印刷有限公司
开本 / 710mm × 1000mm　1 / 16　字数 / 140千字　印张 / 12
版次 / 2016年4月第1版　印次 / 2021年3月第2次印刷　定价 / 36.00元

目录

　　世界上的名人很多，而像默多克这样，受到家族性格传承影响的痕迹如此明显的名人，却是特别的一类。所以，本书的前几节是围绕着他的家人展开的，这有利于读者生成一个类比的印象。

　　默多克，全名基思·鲁珀特·默多克，这个名字来源于他的父亲基思·默多克和他的外祖父鲁珀特·格林。基思是一个非常有个性的人，他崇尚自由（这点竟然可以追溯到默多克的曾祖父和祖父），锐意进取，精明能干。而默多克的外祖父鲁珀特·格林却是一位地地道道的赌徒，如果说赌徒是一个没有任何优点的群体，也不尽然，鲁珀特·格林身上就有一种分外迷人的冒险精神，这也影响到了他的外孙——默多克。生活经历决定一个人的性格，后来的默多克也一再向我们证明了，他本人就像他的名字一样——融合了他父亲的自由、锐意进取和外祖父赌徒般的冒险本性。

由于默多克是家里唯一的儿子，母亲从他小时就有意识地培养他，使他能够成长为家族事业的接班人。一个打小就确定要背负起使命的人，自然会面临很多的压力。默多克的母亲伊丽莎白的做法因而显得有点儿不近人情，但这不妨碍默多克干练品质的养成，不妨碍他在一个充满爱的环境中健康成长（伊丽莎白对成年之后的默多克的态度有了转变）。事实上，默多克在年轻时就得到了良好的锻炼，是一个浑身充满精力的小伙子。

在基思去世后，默多克接手了父亲的阿德莱德《新闻报》。正是从此时开始，默多克开始锋芒毕露，他过人的胆识和非凡的魄力同时得到了畅快淋漓的发挥。有人曾经说过，默多克好像是一个永远不知疲倦的人，好像是一个时刻准备战斗的战士，而不时冒出来的问题就是他的敌人，他永远有勇气将自己的敌人打趴下。在他手中，一份经营不善、负债累累的报纸奇迹般地起死回生、扭亏为盈，并且不断做大做强，走出本土，走向英国，走向美国，扩展至全世界，最终建立起了他的传媒帝国——新闻集团。

说到这里，默多克身上集中万千优点，是天之骄子，完美至极，可他真是一个完美的人吗？不是的，如果默多克是一个完美的人，那他身上的魅力至少需要删掉一半。

如果说默多克的事业就像是他的天下，那么他就像是一个君王一般在统治着他的帝国。深刻地剖析一下的话，可以发现，默多克经营报业的方式并不像班氏家族一样，放任手下的编辑或是记者按他们的方式治理集团，完全发挥民主性优点，而更像是一个独裁者统治自己的帝国——很多时候，很多事情上，他都表现出自己的独断专行。根据材料，事实上，集团内的很多决定都是默多克一意孤行做出的，全然不顾部下的反对，而且很多时候这些决定都带有冒险性甚至是随意性，将公司大事看作是可以随意处置的家常事务，这合乎常理吗？其中分明有一种赌徒的冒险精神。

然而，默多克毕竟是默多克，虽然历经沉浮，默多克的传媒帝国终于还是站稳脚跟并且坚不可摧了。也许这也是默多克能成功收购班氏家族的原因之一。那么我们是不是可以说，自我是一种品性，智慧和决断力是补偿的良药，如果说默多克有什么缺点的话，自我应该算是一种；如果说默多克有什么优点的话，强大的决断力和清醒智慧的头脑应该是最值得我们称道的。

默多克究竟是怎样将一家小报馆发展成为令世人瞩目的传媒帝国的呢？他本人的那些所谓的独特的品质是怎么具体形成又怎么在具体的事务中发挥作用的呢？本书将带您走进真实的默多克与他的传媒帝国。

第一章　默多克的家族

1. 南太平洋

鲁珀特·默多克，出生于澳大利亚墨尔本以南30英里的一个农场，出生时既没有群龙翔集，也没有上帝的使者来访，但是，在他的一生中，却造就了诸多辉煌。都说性格决定命运，默多克的性格除了受其家族的影响和自身的历练外，和澳大利亚这片土地的自然环境关系也格外密切。

澳大利亚是大洋洲的主要陆地，但同时也是世界上最小的大陆。它处于南太平洋，南回归线穿过中部，气候以热带和亚热带为主。

由于特殊的气候条件，澳大利亚的降水，从北、东、南三面沿海向内陆作半环状递减，从而自然带也相应呈半环状分布，从沿海到内陆分别是森林、草原和沙漠景观。

这一自然条件为澳大利亚的旅游业做出了很大贡献。同时澳大利亚被海水环绕，沿海地区风景秀丽，温度适宜，美丽的珊瑚礁和其他海洋风光每年都吸引着大量国外游客前来度假休闲旅游。因此，澳大利亚的旅游业也是拉动澳大利亚经济增长不可或缺的一部分。

如今的澳大利亚国土辽阔、物产丰富，是出产羊毛和小麦的主要国家。澳大利亚出产的羊毛羊奶及其他奶制品以及小麦燕麦等都在世界上享有盛誉。这和它的地形地势是密不可分的。澳大利亚除了东部沿海地区的大分水岭为山地以外，中部是广阔的平原与盆地，西部为低缓的高原。东南部的墨累达令河、艾尔湖以及中部的自流井为这片土地提供了充足的水源。

因此，澳大利亚的中东部大部分地区在夏季，即11月份、12月份是草丰水美羊儿肥，说不出的动人与美丽。

进入现代以后，澳大利亚采用机械化的大生产，便于播种收割与管理，因此出产的小麦产量高、质量好。

除此以外，澳大利亚的棉花产业也欣欣向荣。现在的澳大利亚已是全球第四大农产品出口国，同时还是多种矿产出口量居于全球第一的国家。

澳大利亚作为国家最特殊的地方在于：它是世界上最小的大陆，同时也是世界上土地面积第六大的国家。

澳大利亚不仅拥有天然的自然优势——国土辽阔、物产丰富，而且在澳大利亚人民的努力下，它现在已经成为了南半球经济最发达的国家之一。亚太经合组织也曾在此召开过多次会议。

但是历史上的澳大利亚远不是现在这副国富民强、充满生机与活力的模样，相反，甚至可以说是一块蛮荒之地。

由于澳大利亚四面环海并且与其他大陆远离，因此可以说是世界上最与世隔绝的大陆了。即使从最接近这片土地的东南亚的最南端算起，到达澳大利亚也要跨越将近40英里的广阔水域。最早到达的土著居民可以说是历尽千辛万苦了。他们到达这块大陆的确切日期目前尚未确定，根据最新的考古发现，应当是在五万年以前。

17世纪初叶，欧洲的旅行家们最先发现了这块世外桃源一般的大陆，当时他们以为这是一块直通南极的陆地，所以取名"澳大利亚"，其英文Australia 即由拉丁文 terra australis ——南方的土地——变化而来。

1606年，荷兰人威廉姆·简士的杜伊夫根号第一次到达澳大利亚，当踏上大陆时，他完全被眼前奇异的景象惊呆了：那种用两只脚跳的动物是什么？它怎么居然长成那种样子？在赞叹之余，他将这片新大陆命名为新荷兰，这也是首次有记载的外来人在澳大利亚的真正登陆。

1770年，英国杰出的航海家库克船长环绕着澳大利亚航行时，惊奇地发现了新地区——澳大利亚东海岸，殖民主义的思维帮助他给新地区命名，称之为"新南威尔士"，并骄傲地宣布这片土地属于大英帝国。英国人的到来为这片原始土地注入了各种新鲜元素，譬如"城市"。

在发现澳大利亚东海岸的8年后，英国人在澳大利亚杰克逊港建立起第一个英国殖民区，城市的建立首先带来的是劫掠，不过今天人们更多地记住的是这座城市的名字——悉尼。

然而当初这些殖民者刚到达这片土地时，对当地的土著居民造成的冲击与伤害是非常大的，完全是一场灾难。当时的澳大利亚十分落后，由于和外界几乎没有接触，它的发展相当缓慢，仍然处于旧石器时代。他们的人数只有大约30万，当然这之后就更少了。除了人数少之外，土著居民原始的武器自然也无法与欧洲殖民者的火药武器相抗衡。

因此，大批土著居民遭到残酷的屠杀。他们的人口从原来的30万急剧下降到了现如今的4万多人，还有将近8万的混血儿。

也许你会奇怪，为什么混血儿比原来的居民还要多将近一倍呢？这就不得不提一提澳大利亚的移民文化了。从澳大利亚被发现那天开始，它便成了一个移民国家，移民国家在文化上的开放性也展现在这个国家身上：多元文化，多元价值观。英国人首先把澳大利亚作为一个流放囚犯的地方。在屠杀土著居民的殖民者中，就有很多英国移民；而在这些英国移民中，又有很多是从拥挤的监狱中用船运往此地的目无法纪的囚犯。1790年，第一批英国的自由民来到澳大利亚，从这时开始，他们以澳大利亚的第一座城市——悉尼为中心，逐步向内陆发展。仅仅13年后，手持现代化武器的殖民者已经将殖民区拓展到今日的塔斯马尼亚。

默多克的祖父全名帕特里克·约翰·默多克，在移民浪潮兴起时，他也踏上了移民之路，当他到达这块新鲜的大陆时，距离第一批英国移民到达这块大陆已经过去了96年。

2. 家族历史

鲁珀特·默多克的家族历史可以追溯到他的曾祖父詹姆斯·默多克，他出生在英格兰，成年后成为了一位受人尊敬的教会牧师。詹姆斯·默多克的妻子名叫海伦·纳姆斯，出生于平民家庭，两人结婚两年后生下鲁珀特·默多克的祖父帕特里克。

在帕特里克少年时代，对他产生重要影响的是父亲詹姆斯。詹姆斯是一名较为激进、思想开放的牧师，在他的影响下，帕特里克自小便显示出非同一般的果决与独立思想。有一些小故事流传下来，可以很好地说明帕特里克的性格。

在帕特里克还是个7岁的孩子时，他的天赋便开始显露，这种天赋主要体现在对经书的理解和背诵。詹姆斯·默多克见儿子有如此"天赋"，于是悉心教育他。

帕特里克十分聪颖，父亲给他讲解经书时，他不仅能复述出大致的意思来，甚至能举一反三，讲出自己对经书的理解。看到儿子这么有出息，詹姆斯·默多克决定加大教育力度。有一天，天气晴好，詹姆斯要出去讲经。出门之前，他翻开经书对儿子说道："如果你今天能够将这一章背诵下来，我以后将自己的职位传给你。"詹姆斯·默多克的语气半是开玩笑，半是认真。

对一个教徒来说，还有什么比这更让人欢欣鼓舞呢？帕特里克愉快地答应了父亲。

詹姆斯·默多克刚走，小帕特里克便捧着书来到一株树下，津津有味地读起父亲指定的那一章来。阳光从树叶间隙直射到书页上，斑斑驳驳。不知不觉间，帕特里克已经把经书读了三遍，大体意思已经领会。接下来，帕特里克便开始背诵，他越背越兴奋，里面的教义使他回味无穷，冥冥中仿佛有一根手指为他指引通往真理的方向，先前的复杂情绪消失得一干二净，心里的感觉只剩下一个字：静。

当母亲喊帕特里克回去吃午饭时，他已经把四千多字的篇章倒背如流了。

完成"任务"后，帕特里克踌躇满志。他心想：哼，父亲太小瞧我了，我一上午就背诵完了呢！下午干点儿什么呢？对了，我可以背多一点儿，一定能让他吓一跳。

睡完午觉，帕特里克找了一根老木头坐下，开始背诵下一章的内容，和先前的方式一样，他越背越纯熟，太阳还没下山，下一章的内容他已经了然于胸了。

夕阳下山时，詹姆斯·默多克回到了家，回家的路上，他一直忐忑不安，他不确定儿子会不会说到做到。

回到家中以后，詹姆斯把帕特里克抱在膝头，急切地问道："帕特里克，你自己说过的事情你做到了吗？"

小帕特里克点点小脑袋："是的，爸爸，我背过了。"

詹姆斯·默多克心中相当骄傲，不过他的表情依然严肃。他担心天赋会让帕特里克骄傲起来，于是想要打压一下帕特里克。就在这时，帕特里克说话了：“爸爸，我背过了您说的那一章之后，又背诵了下一章。”

詹姆斯·默多克吃惊地看着自己的儿子说道：“帕特里克，你……你不会是在骗我吧？我最快的速度也顶多每天背诵一章。”

詹姆斯·默多克忽然感觉到自己的失态，更担心儿子骄傲自满了。于是，他用力清了清嗓子，并表现出对此事的怀疑。没料到，帕特里克认真地说：“是的，我背诵了两章。”

詹姆斯·默多克见儿子如此肯定，马上从他的手中接过经书，念了一段，说：“接着往下背。”

帕特里克流利地背下去……

随后，詹姆斯又从中间抽取了一个章节考帕特里克，没想到他的小儿子依然对答如流。

背完最后一段后，詹姆斯眼中已闪烁着泪光，忽然，他在帕特里克的小脸蛋上重重亲了一口。平日里严肃的父亲很少这么亲近自己，小帕特里克心里乐开了花。

长大以后，帕特里克果然也走上了当牧师的道路。父亲的教诲一直深深刻在他的心中，他崇尚自由、富有激情、宽容大度、善于分辨是非，这种个性也在后来深深地影响了他的孙子默多克。

1884年，帕特里克的命运发生了转变，这次事件也直接影响了默多克家族的未来。

当时，帕特里克已经34岁，长久的传教生涯让他看上去眼神深沉，眉毛挺直，脸部轮廓棱角分明，显示出一个男人的气概。

一天，外面刮着五级大风，家门口悬挂着的门帘甚至都被吹得噼啪作响。帕特里克和妻子正在家中吃着午饭，一边聊着天。

这时，院子中的狗狂叫起来，有人在敲门。

帕特里克走出去一看，原来是一名信差。他心中诧异，因为自己的朋友基本上都在本地，而妻子很少出门，这封信到底是给谁的，是谁寄来的呢？

帕特里克怀着好奇拿过信来，原来，信来自澳大利亚墨尔本。帕特里克将信打开，只见上面用清晰工整的字体写道：

亲爱的帕特里克牧师先生，我们墨尔本教会历来注重新鲜血液的注入，我们需要有思想、有文化、有自主性的人来发展我们的宗教，所以，爱好自由的您不知可否来澳大利亚？这儿是自由者的乐土，是宗教徒的天堂，如果您能来，我们将用最大的热情来欢迎您！

看到墨尔本教会的落款，帕特里克又紧张又激动，去还是不去？在内心中，帕特里克早就受够了这里教会的愚昧与刻板！特别是教会中那些无耻的、只会向上一级谄媚的嘴脸！

澳大利亚，在帕特里克的印象中，幅员辽阔，人口稀少，信仰自由。说起来，那里该是自己的天堂了！在内心深处，帕特里克忽然觉得，这是自己这么多年来信奉主，主在冥冥中对自己的关照。

帕特里克回到屋子里，他的妻子明显发现了他又激动又紧张的神情。帕特里克问道："亲爱的，墨尔本教会来信邀请我去当他们的牧师，他们欣赏我的才华和个性，你认为我们应该去吗？"

妻子凝视着帕特里克，果断地说："亲爱的帕特里克，我欣赏你，就是因为你身上的那种果决、勇往直前的气质，只要你深思熟虑了，我一定会支持你的！"

帕特里克幸福地抱紧妻子，热泪盈眶。他当然知道，英国才是妻子的家乡，这里有她儿时的记忆，有自己的亲人和熟悉的一切。现在，为了他，她还是决定离开这里。娶妻如此，夫复何求？

当然，所有的一切都有天注定的缘法。在去澳大利亚闯荡这件事上，真正起到关键性作用的是帕特里克的性格。他天性中热爱自由、追求平等，是他愿意背井离乡、远赴澳大利亚最根本的原因。

事实上，墨尔本的发展历史并不长。在帕特里克出生前，墨尔本基本上还无人居住。但是，当墨尔本发现勾起人的欲望的金矿时，形势立马发生了改变，淘金热兴起了。

到了1880年，墨尔本已经高度发达了，它已经成为当时澳大利亚人口最多的大城市之一。外界对于墨尔本的描述，使它对外地人极具吸引力。然而，当帕特里克来到墨尔本后才发现，现实远非如此。

当时的墨尔本用三个字形容最为恰当：脏、乱、差。

为何会如此？其实，情况相当明了。淘金热激发了人们对于生活的激情与欲望，同时也就不可避免地导致了环境的破坏。人们的欲望与野心越大，对自然环境造成的破坏也就越大；另一个原因在于，当时的淘金方法并不合理，自然后果就更严重。

城市中，地表的破坏让道路坑坑洼洼，污水遍地；废料随意丢弃造成环境的污染；淘金者本身的生活也是杂乱与邋遢的。

淘金热就像是一阵旋风，来得快去得也快。当帕特里克踏上这片土地的时候，墨尔本曾经的辉煌已经逐渐落下帷幕，低迷期正在到来。

即便如此，帕特里克依然没有失望。在他看来，来到墨尔本是上帝的旨意，而面对困难，也是上帝的旨意，上帝需要考验他对上帝的忠诚。从这一天开始，帕特里克掀开了新的人生篇章。

在墨尔本生活的几十年中，帕特里克从中年到老年，从外乡人到成为当地最受人尊敬的牧师。后来，他积极参与地方的政治与教育建设，在当地形成了相当大的影响力。

在当时，帕特里克对于新闻的见解也相当超前，他认为，必须坚持新闻自由，并且将之提高到对抗暴政的有力武器的高度上去。

从这里，我们看到了默多克一脉相承的血统流传。

帕特里克去世时，年幼的默多克才9岁。

在默多克的基因中，除了祖父帕特里克之外，外祖父鲁珀特·格林的影响也在他生命中时时闪现。

鲁珀特·格林和帕特里克是截然不同的两种人。帕特里克严肃、热爱自由、生活有规划，而鲁珀特·格林开明、充满活力、贪吃。

对孩子而言，显然，鲁珀特·格林更亲切、随便。他和蔼可亲，不像那些严厉的父母，他从来不对孩子们打骂呵斥。不过，这并不是说他就是一位完人，他身上也有致命的弱点：天性爱赌，又嗜酒成性。

默多克的一生，确实在某种程度上受了外祖父的影响——他在做一些决定时，往往会凭着自己的直觉。在事情发生之前，他有时并没有事先做好周密的部署或是详实的考察，至于最后的成败输赢或是盈利与否，全凭运气。

这是典型的赌徒作风，好处在于能抓住别人抓不住的机会，风险在于一招不慎满盘皆输。在一次经济危机中，默多克差点儿全军覆没就是例证。

3. 父亲，第一位记者

帕特里克接受了墨尔本教会的邀请后，来到澳大利亚定居。到澳大利亚后，帕特里克全力投身于自己的传教事业，日子过得像是流水一样，不声不响间已经过去了很多年。在这些年中，帕特里克受到了当地人的极大欢迎。每当帕特里克走到一处地方，当地的人都会拿出最好的美酒款待他，并送给他最美好的祝愿。

即便如此，帕特里克依然有一个心病没有消除。他和妻子只有两个孩子，这在重视后代的十九世纪可是件十分让人头疼的事情。

一天深夜，夫妻两人相拥在一起，安妮问帕特里克："亲爱的，你说这是主对我们的考验吗？"

帕特里克不禁皱起了眉头，他不明白为何自己信奉主这么多年了，主还有什么要考验的。

妻子见帕特里克愁眉不展，只好住了嘴。

万能的上帝似乎是听到了夫妻两人的对话，为了显示自己的公正，主显灵了。

第二年，他们就又生下了一个活泼的男孩。

安妮惊奇地发现，帕特里克这一次似乎格外兴奋，甚至比他第一次当父亲的时候还要兴奋。他整夜不睡觉，仔细端详新生儿，似乎他是这个世界的唯一。见丈夫这样，妻子哭笑不得。妻子其实更高兴，在他们的儿子出了满月之后，她拥抱了丈夫，问道："帕特里克，我们的宝贝应该叫什么名字呢？"

帕特里克略微一沉思，说："这是我们在这块土地上生下来的第一个孩子，我们的经历有苦有甜，我有时候和你在海边散步，心里会想，多数人的生活不就是如此吗？风雨和阳光同在，身为一个人，能够做的就是锐意进取，不断努力，所以我们孩子的名字我早就想好啦！"

妻子惊喜地问道："是什么？"

"叫基思。这名字有一种英雄的气概。"

基思·默多克是家中的老三。最初，他跟其他孩子基本没有什么区别。可是随着年龄的增长，这个孩子身上出现了意想不到的毛病。当他一岁多的时候，帕特里克和安妮焦急地等待着他叫爸爸妈妈，夫妻两人意外地发现，孩子从来不张嘴说话。他安静得可怕，他似乎有一种孤独的气质，尽管还只有一岁多一点儿，他却独立得可怕，好像从不想和别人相处，也不想把自己的喜怒哀乐分享给别人。

这太奇怪了！即便是生养了几个孩子，安妮还是对这个儿子感到莫名其妙。

6岁时，基思的情况再明显不过了。帕特里克十分悲伤地面对这样一个事实——自己的儿子是口吃。

此时，基思·默多克更多地体现出了自己的特点。

本来就孤独的他在接触其他小孩子以后，逐渐发现了自己的缺陷，内心深受打击。

每次帕特里克回家时，都会看到让他心痛的一幕：别的孩子聚在一起玩沙子堆城堡，基思自己在另一边玩。为了排解儿子的孤独，也为了让儿子能逐渐找到和人相处时的快乐，帕特里克来跟他一起玩，但基思·默多克似乎还不太能了解父亲的良苦用心，总是对父亲的帮助报以冷眼。

"这孩子心里面太苦了。"安妮·默多克的眼泪几乎要流出来，她依偎着帕特里克说道。

帕特里克同样叹了口气，不作声，过了半晌才说道："安妮，不要惊慌，基思如果是天生的懦夫，谁都拯救不了他。他不是懦夫，你看别的孩子不和他玩，他自己将沙子弄回来，说明他性情坚毅，只是……我们对待他要尽量宽容些。"

帕特里克和安妮·默多克一共养育了7个子女，在7个孩子中，安妮一直因为基思·默多克口吃而内心抱愧自责，并在其他方面尽量弥补他。

长大以后，基思的性情越来越显示出坚毅的一面，这让他更快独立；另一方面，坚毅仍然无法将孤苦排解掉。

基思·默多克开始上学了。起初，班里的孩子并未发觉他有什么异样，不久才发现，原来有人连话都说不清楚。长久以来养成的习惯使基思无法融入群体，他总是自己在一个角落里看课本，或者望着窗户外面的风景。有时候他想：既然我无法和别人相处得好，就干脆活在自己的世界里吧。

可是，糟糕的事情远不止如此。开学头几天大家还没熟悉过来的时候，基思过得还算自在。不过，一旦群体熟悉以后，麻烦就来了。一天，几个孩子联合起来对口吃的基思大加嘲笑，甚至一块学基思说话，基思逃也似的回到家里，路上跑丢了鞋子他也顾不上了。回到家中他躺在床上不声不响，伤心地哭泣了一整天。

经过这次事件以后，帕特里克发现，别人越来越进入不了儿子的世界了，甚至母亲和父亲也很难知道他在想什么。

在帕特里克的心中，牧师是上帝的恩赐，是世界上最好的职业。本来，他想让基思继承牧师职业。不过，这似乎是不可能的。帕特里克发现，每当自己和基思谈起教义来，基思总是表现出厌倦的情绪。也许，小小年纪的他经过如此多的磨难以后，对上帝已经不屑一顾。帕特里克十分恼火，可也没办法，只好经常叹着气，有些哀怨地想：只好慢慢来了。

基思的世界谁也不懂，但他自有他的主意——他要成为一名记者。口吃造成与世界的隔膜以后，基思读书读报，在里面找到了属于自己的乐趣。于是，他逐渐形成了一个想法，认为记者是世界上最高尚而且刺激的职业，他想当记者。

袒露自己想法的时机终于到了。基思中学毕业之后，帕特里克知道是时候询问儿子的想法了。

有一天，帕特里克将基思叫进了自己的房间，亲切地问道："我的儿子，现在你中学毕业了，是继续上学，还是去干别的事情，我想听听你的意见。"

基思坐在对面的椅子上，他双手交叉在一起，反复搓揉，仿佛是在下定一个决心，不过，他表情冷漠。帕特里克太知道这代表着什么了——基思不想自己给他任何的命令，哪怕是提示也不需要。

于是，帕特里克走到基思的跟前，说："我没有强迫你的意思，我和你妈妈都希望你有一个光明的前途。"

基思抬起头，说道："我不想当牧师。"

帕特里克没想到儿子拒绝得这么果决，不留一点余地。

在所有的孩子中，基思是最孤僻的，可也是最有天分和最执着的，帕特里克早就想让儿子继承自己的事业。听到结果，帕特里克心中一阵苦涩、恼怒，可不好发作，他直直地盯着基思看，希望儿子给自己一个解释。

基思敏感地察觉到自己可能伤到了父亲的心，他说："爸爸，我想当记者。"

爸爸？帕特里克还以为自己听错了。他兴奋地在座位上挺直腰杆，眼睛放射着光芒，看着基思。瞬间，他心中的阴霾全没有了，一股幸福的暖流涌进了他的心田。

爸爸！多么动听的称呼啊。帕特里克的幸福使他早忘记了自己此次谈话的目的是劝说基思接受牧师职业。

他不由自主地点点头。基思见父亲答应了，便起身离开，帕特里克目送着他，只见他又回过头来说："谢谢。"然后出去了。

不久，帕特里克找到《时代》报的老板西姆，他们已经有几十年的交情了。他开门见山地说明了来意——给基思找一份记者的工作。西姆听完情况后，爽快地答应了。过了几天，基思被通知可以去上班了。刚当上记者的他负责一个叫马尔文的小区的新闻报道工作。

在当时的澳大利亚,《时代》报抨击时事,抑恶扬善,是新闻界的良心,这也是西姆和帕特里克能够成为朋友的最重要的原因。

在《时代》报,基思工作十分卖力。长久以来,基思的自我奋斗让他养成了很多好习惯:他向来将自己所有的热情都用在办事情上面,腿脚勤快。

不久,大家就都喜欢上了这个勤奋的年轻人。

上帝是公平的!在成为记者以后,口吃居然也成了一种无形的优势。就连那些接受采访的人,因为基思工作的认真态度,也对他十分有好感。

经常出现这样的情况:当基思因为表达不清意思,说话磕磕绊绊时,被采访者关切地看着他,并且示意他不必着急。

就这样,基思的工作进行得出人意料的顺利。不仅如此,在当记者的几年时间里,基思因为同人的接触逐渐增多,他的社交恐惧症也逐渐缓解了。

基思胸怀大志,虽然他喜欢这份工作,并有了一定的成绩,但并不因此而满足。

他有自己的计划,他要去伦敦。首先,那里是世界的经济中心,也是报业最发达的城市;其次,那里是医疗科技最为发达的地方,可以治疗一下长久以来一直困扰他的口吃。

梅花香自苦寒来!小时候吃的苦,让基思能乐观、积极地面对生活的苦难,也养成了他脚踏实地的习惯。

从刚一工作开始,基思就努力攒钱,他不跟家里要钱,只从自己的工资里节约。他的一个朋友见他这样,吃惊地问道:"你这是要学习某些教士来苦行吗?"

基思成功了，几年以后，他攒了500英镑——在当时，这可绝对不是一个小数目。甚至可以说，这笔钱完全可以让基思在伦敦无忧无虑地生活一年了。

为了实现自己的梦想，基思再次找到了父亲。此时，帕特里克面前坐着的已经是一个二十多岁的男子汉了。帕特里克微笑着说："你来找我肯定有什么事。"

基思面带笑意点点头，话还是一如既往地简略："爸爸，我要去伦敦。"

几年前，帕特里克就听妻子说过儿子的这个想法，可几年时间过去了，帕特里克以为此事已经烟消云散了。没想到基思再次提出，帕特里克忽然感到好像基思要永远离开自己一样，心中颇不是滋味，便商量说："不去不行吗？"

基思依旧面带笑意，说道："爸爸，你我都知道，英国是现在最为发达的国家，那里的医疗技术也发达，我想去治一下我这二十年的毛病。另外，我的理想并不仅仅是当一名记者，我想去英国学习一下经济学方面的知识。"

帕特里克只说了一句话："早回来。"

基思带着满腔热血走了，帕特里克时时刻刻担心着。

现实很残酷，英国并不适合基思。直到此时，他才发现自己的家乡是多么美好。

在英国，基思一个外乡人受尽嘲弄，这让他的心中憋着火，基思过了一年的艰苦日子，还是回到了澳大利亚。

"噢，那简直不是人过的日子，我再也没有兴趣去那个地方了，以后我做生意都尽量避免去那儿。"基思对母亲说。

基思回到澳大利亚后，忽然觉得自己的家乡原来是如此地有人情味。从此，心和事业都定了下来。

他仍然被口吃这个毛病压迫着，可基思经历过痛苦的伦敦生活后，分外珍惜如今所拥有的东西。

不久，他以一个战地记者的身份将加利波利登陆战的情况公诸于世，因而使世界避免了一场战争，基思·默多克成为英雄一样的人物，人们赞扬他为和平做出的贡献，而他的儿子鲁珀特就是在这种情况下出生的，从此，人们一提起默多克家族来，往往都会不自觉地竖起大拇指——这个家族的后人都是英雄的后代！

4. 母亲的严格要求

基思终于成年了，他成为一名成功的记者。当他认识了一个名叫伊丽莎白的女孩的时候，他决定成家立业。

伊丽莎白嫁给基思后，生了几个孩子，其中一个就是本书的主人公默多克。

在默多克成长的过程中，父亲和母亲对他的性格都产生了重要影响。

基思从小受到严格的教育，自己有了孩子以后，表现出了异于其他父亲的爱。与基思相反，妻子伊丽莎白为了孩子的前途，却对自己的孩子们非常严厉。

长久以来，姐姐梅伦和默多克喜欢跟着爸爸玩耍，而对于妈妈，两个孩子则显得有些疏远。对孩子的教育问题，夫妻总持有不同看法，直到有一天二人进行了一番交心的谈话。

那天，粗心的默多克在家中玩的时候，不小心将家里的花盆从窗台上扫了下来。对此，伊丽莎白表现得格外在意，在她看来，这件事与花盆无关，而是默多克毛毛愣愣的性格造成的。

于是，默多克只能被罚站。父亲基思心疼儿子，趁着伊丽莎白去做饭的工夫，悄悄地让鲁珀特·默多克到客厅里去坐下，一会儿，父子两人玩了起来。

伊丽莎白做好饭以后，原本要教训一下儿默多克，一回头，默多克已经不见了踪影。愤怒的伊丽莎白便喊道："鲁珀特，你否认自己犯的错误吗？"

已经玩得忘乎所以的默多克立刻跑回阳台。

"谁让你回屋子里去的？"伊丽莎白盯着鲁珀特·默多克的眼睛说。

伊丽莎白知道，每当自己做完这个动作，鲁珀特·默多克就不会嘴硬。况且，伊丽莎白的每一个音节都带着不容置疑的语气。

鲁珀特·默多克脸红了，他嗫嚅道："没，没……"

他想，爸爸是好心让自己去休息的，怎么可以在母亲面前"告发"他呢？

伊丽莎白刚要开始自己的教育，基思出现了。

他走过来，一边用并不流利的话开着玩笑，一边把默多克揽在怀里，笑着对伊丽莎白说："你看，他都吓得像只受惊的小老鼠啦！"

伊丽莎白不再说话，不过她气得不行，她想：为什么每次我教育孩子的时候，你都要出现？

伊丽莎微笑了一下，然后拢了一下额前的头发。丈夫当然知道妻子的动作是什么意思，那是表示伊丽莎白愤怒了。她说："亲爱的，我知道你爱鲁珀特，这甚至有时候让你看不到教育的真相，我们吃完饭好好谈谈吧！"

说完，一家人开始吃饭。

基思知道伊丽莎白的为人：认真，有原则，总是处处体现出自己的教养和坚定的原则性，但讲理，这就是基思爱她的地方。

　　吃完饭，伊丽莎白让孩子们回自己的小屋。

　　伊丽莎白在厨房收拾东西，基思端坐在沙发上。他基本能看清楚妻子在厨房里的动作，那么协调而富于韵律感。他忽然一阵感动：这个女人对自己体贴，对孩子呵护，勤劳朴实，对自己也没有过分的要求和怨言，自己是哪辈子修来的福分？

　　洗刷完毕，伊丽莎白找了一把椅子坐在基思的对面，她终于提出了自己长久以来一直想说的问题："亲爱的，我知道你对孩子们好到了一定程度，可你要知道，孩子之所以能够有出息，就是因为有自立的品性。我让他们几个自己叠自己的被子，让他们尽可能地刷自己的餐具，甚至跟着街上的大叔们卖报纸，你以为我是在折磨他们吗？不，我是在锻炼他们，我们都有老去的时候，而自立是不可能在温暖的环境里养成的。"

　　基思听到伊丽莎白说自己在锻炼孩子们，不禁笑了，因为他想到自己的童年生活。不过，笑容却让伊丽莎白误解了。伊丽莎白气愤地说："你觉得这事情非常好笑吗？"

　　看到妻子如此愤怒，基思一时感到茫然失措。略一想，他才知道原来是自己的笑容惹了麻烦。他赶紧站起来，给了妻子一个拥抱，说："亲爱的，我想你应该知道我为什么这样对待儿子。爸爸从小对我非常严格，我甚至很少跟他说话，而我的童年现在回想起来都是惨不忍睹的，我自闭，孤独，寂寞无助，我不想让自己的儿子也这样，我想让他有一个快乐的童年，从而拥有一个快乐的人生。"

　　丈夫的话让伊丽莎白回想起基思对她讲述的童年经历。不过，无论多么的感动，在伊丽莎白看来，"自然的法则"是不得不遵循的，如果不对孩子严格要求，孩子是不会成长为一名优秀的人的。她说道："亲爱的，我知道你的意思，你体会过没有父爱的感觉——尽管实际上这爱只是太深沉了一点儿，可你没体会过没有能力的感觉啊！你从小就学会了跟自己对话，所以你的能力训练得非常强，还记得你攒了500英镑去伦敦的事吗？一个养尊处优的人怎么能做到这样呢？"

伊丽莎白的眼睛里闪着光芒，她也想起了自己的童年，她举例子说："亲爱的，我有一位慈爱的母亲，有一个十分宠爱我的父亲，可我到高中毕业都不会自己叠被子。鲁珀特是一个男孩子，在将来，他势必要承担生活的责任，我们应该让他早知道生活的艰辛，培养他自立的能力。这或许会减少一点儿他童年生活的快乐，可是对他的一生来说，是必要的，你说呢？"

伊丽莎白恳切的话语让基思感到震撼，他只是简单地觉得对孩子好就是父母的责任，他从未想过将来——孩子的将来，因为在他看来，那还是相当遥远的事情。

仔细琢磨一番以后，基思知道是自己错了，他决定听妻子的。他说："亲爱的，你是对的，是我想得太过简单了。以后，在孩子的教育问题上，以你的意见为主。"

伊丽莎白听完丈夫的话，和基思来了个深情的拥抱。

她说："你还是可以一如既往地爱他们，只是，不要太干涉我的教育方式就好。"

父母的谈话结束的时候，默多克正在进入梦乡。

从此时开始，默多克和姐姐过上了更加有计划的生活。

不久之后，这个家庭经历了一次重要的变化——搬家。

从默多克家族来到澳大利亚以后，这个家族就从未搬过家。现在，为了孩子的成长教育，伊丽莎白决定搬家。她和基思说了自己的想法，不过基思相当犹豫。

这里是自己的故乡，自己的回忆和事业都在这里，只是为了孩子的教育就要搬家吗？搬家真的对孩子好吗？毕竟，他们出生在这里，生活在这里，到一个陌生的环境中，他们能适应吗？

"为什么大的地方才对孩子的成长更为有利呢？这里的确不是非常发达的地方，可气候非常好，孩子们或许喜欢这儿，他们到一个陌生的环境中，或许不会有更好的发展呢！"

基思知道，只要他坚持自己的意见，伊丽莎白是绝对会服从的。

这时，基思见伊丽莎白紧紧咬住自己的嘴唇，她的眼神十分复杂，有埋怨，有凄凉，有乞求。

不过，这些并不是基思想看到的，他想看到经过自己一番说服，伊丽莎白放弃她的想法。不过，他错了，伊丽莎白从来不是一个容易动摇的人。

夫妻两人沉默了许久，基思左思右想，最终只能说："好吧，伊丽莎白，我同意你的意见，你是为了孩子好。"

伊丽莎白幸福地看着自己的丈夫。

搬家的事情就这么定下来了，默多克和姐姐刚听到这个消息，简直就像是被蜜蜂蛰了一下。不过，他很快就镇定下来了，并且帮助母亲收拾东西。

就这样，鲁珀特·默多克随着父母搬到了突纳克近郊的一座楼房，同时，伊丽莎白和基思经过商量决定，在墨尔本以南买下接近一百英亩的地产。

不久，孩子们就喜欢上了克鲁登农场迷人的夜晚、辽阔的大海。伊丽莎白向来是一个善于规划的人，牧场被她设计得既有田园风情又有原始的韵味。默多克后来回忆说："那是我第一次强烈感受到生活的美好，虽然背井离乡最初带给我不适，但是，孩子毕竟对新生活还是比较容易习惯的。另外，每当家里没事儿的时候，妈妈就给我们讲故事，甚至到现在我还能记住那些各种各样的故事。"

伊丽莎白大多数时间里很严厉，但有时也显示出来一个女性天然的温柔与母性。孩子们就围在自己的母亲周围，听她慢慢地讲起故事来……

每当这个时候，基思就安静地坐在一边，微笑地看着母亲和孩子们的交谈，心中无限幸福。

第二章　成长之路

1. 第一次离家

来到新地方以后，鲁珀特·默多克继续成长着。

在默多克的身上，两种力量促使他快速成长：基思对孩子们的爱是一种享受生活的启示，而伊丽莎白对孩子们严格的要求就是奋斗的命令。

在鲁珀特身上，这两种力量不偏不倚，让他沿着正确的方向前进。

伊丽莎白对孩子的爱是正确的，她一直要把孩子塑造成一个独立的个体。

默多克10岁时，伊丽莎白为儿子选择了新的道路。当时，基思正好有一个老朋友在基隆语法学校任职，于是，伊丽莎白就打算让默多克到那里学习。

当伊丽莎白说出自己的想法时，先是遭到了基思的强烈反对。

"他还是一个小孩子，我们不能送他到那么远的地方去，他会感受不到我们的爱的。"基思甚至有点带着恳求的语气了。

但伊丽莎白丝毫不让步。基思想了一个晚上，打算说服伊丽莎白，可第二天两人刚一交谈，基思就知道自己又输了，伊丽莎白说："基思，你小的时候为什么孤独？"

基思最初没明白妻子说这句话的含义，不过，他很快便理解了。他忽然回想起自己孤独的童年生活，那是多么不堪回首啊！而究其原因，一是口吃，二是自己无法和身边的人正常交流，这种不正常不只是口吃，还有心理上的隔膜。

让孩子待在他需要待的地方，这对默多克是重要的。

伊丽莎白再次说服了基思。

当天晚上，晚饭过后，基思借故回到自己的房间，他实在不忍心把离家的消息告诉鲁珀特。

伊丽莎白来到孩子房间，把决定告诉了默多克。默多克几乎流下眼泪来了，不过，他早就习惯了不在妈妈面前哭泣，他忍着痛苦答应了妈妈。

伊丽莎白其实也舍不得儿子寄宿到学校，但是没办法，为了他的前途，必须要让他尽快独立起来，因为他是一个男孩子，将来会成为一个男人，这是他的职责。

默多克这一次没有找父亲给自己说情。他惊讶地发现，不知道从什么时候开始，他已养成了独立的习惯，不再依赖爸爸，不再依赖妈妈，有什么事都自己想办法。

几天以后，默多克来到基隆语法学校报到。

基隆语法学校十分有名。在当时，它在两方面高出其他学校：老师们有见识，残酷的教育方式。学校的校长名叫詹姆斯·达林，无论在何处，学生们总能看到他板起的面孔。每当看到他出现，学生们就战战兢兢地站在那里，等着他训斥。淘气的孩子们私下还给他起了一个绰号——"魔鬼校长"。

默多克刚来的时候，体会到了不同于家中气氛的新鲜感，不过，这新鲜感很快就被严酷教育的压力取代了。

从这时开始，默多克才逐渐意识到自己的反抗精神和独立精神有多强大。每当校长站在台子上给底下的学生们训话的时候，默多克就开始悄悄诅咒：凭什么这样对待我？我有自己的生活方式！

在这所学校中，基督徒詹姆斯·达林想通过自己的方式进行管理。在他看来，只有严格的教育，才能培养顺从的下一代。

默多克传

可他不知道，严格，也会促成另一种人性——叛逆。独立、坚强的默多克心中的叛逆刚好被詹姆斯·达林激发出来了。

他甚至对宗教产生了怀疑："他总是告诉我们很多对上帝的义务，我们生下来就是为了上帝而活的吗？我们就不能有别的想法了吗？可是，他将我们搞顺从了，他自己却一副高高在上的姿态。更让人厌恶的是，在别人面前，总是摆出另外的面孔来，比如他去参加宴会，仿佛一个非常温和有礼貌的绅士。"

对默多克，詹姆斯·达林同样感到厌烦。他觉得鲁珀特·默多克没有好的家教，素质不高。

最可恶的是，这个孩子自以为是，总用自己的一套规则去对抗校长，小小年纪，这还了得。

比如，学校明确规定学生们需要自己叠被子，然后将叠好的被子摆到固定的位置。鲁珀特·默多克叠得比任何人的都整齐，不过，他却没将被子放在管理人员指定的位置，而是放到自己喜欢的位置。

第一次，检查的教师批评他摆错了位置。

第二次，严肃处理了这种行为，以儆效尤。

不过，即便如此，老师们对他仍然另眼相看：这个孩子叠得太好了，不过，他也真有个性。

"自我"是默多克最大的标签。从叠被子到做事业，默多克都一样，甚至日后他成为举世闻名的大人物的时候，老师们认为这是必然的。

回到默多克的学校生活中来。

默多克家族从来都是一个智慧的家族，但体质却很一般。在这个年龄段，默多克瘦小、羸弱，所以他特别讨厌上体育课。

当然，每个班级都有那么几个身体强壮的孩子，他们打球、跑步、跳高跳远，玩得不亦乐乎。此时，默多克仿佛回到了基思的童年时代，只能自己远远地躲开，找个地方自己学习。只有老师带领练习的时候，默多克才勉强学一下。

2. 嘲讽中的反抗

住校的日子时常有空闲时间，每当这时，默多克就百无聊赖起来。

这一天，默多克为了消遣无聊的时光，到操场上去散步。阳光明媚，让人心情格外愉悦。操场上，十几个高年级的孩子正在打篮球。

忽然，一个孩子传球用力过猛，球直奔默多克飞来。

默多克下意识地一躲，没想到旁边有一个水坑，默多克一脚踏在水坑中，泥水四溅，把他新换的衣服和鞋子都弄脏了。

打球的十几个孩子看到默多克这么笨，哈哈大笑，就差把下巴笑掉了。

虽然身材弱小，默多克岂会白白地受人侮辱？他气愤地骂道："瞎了眼吗？还是你的手废了？"

传球失误的那个孩子是个大个头儿，身材健壮。听到小个子居然骂自己，轻蔑地说道："这小个子真是活得不耐烦了。哈哈，你敢跟我比一比吗？咱们一对一，你赢了我的话，我给你道歉，你若是输了，那就趁早回去吧！"

这时，操场上许多玩篮球的人也都停止了游戏，围拢过来。其中有几个认识默多克的，知道这是个谁都不放在眼里的人，心想：

哼，让你平时孤僻，谁也不搭理，这回有人收拾你了！于是也不劝，只在旁边看热闹。

默多克把袖子高高挽起，恶狠狠地朝着那个高个子说："来就来，你以为我怕你吗？你的个头儿并没有和你的智商成正比！"

高个子也被激怒了，把篮球扔给默多克："你先来，我让你一球！"

默多克从未玩过篮球，只能照着他看到的样子模仿。他把球接过来，拍起来，然后左手一拍，右手一拍，刚要往篮下走，那高个子伸出比默多克长半截的手臂，一勾就将球揽了过去。

球丢了！

不过，默多克并不慌张，这倒在他意料之中。

该他防守了。他紧紧贴着高个子，高个子背身对着默多克，正要转身，说时迟那时快，默多克嗖地一下把球掏走了，周围的人都"咦"了一声，觉得这太不可思议。

默多克知道自己没有任何进攻能力，故作大方地把球扔给那高个子，说："我不喜欢欺负速度不够的人，来吧，我这个球送给你。"

默多克的话激怒了高个子，他快速运球，想要甩开默多克，默多克紧紧地顶上去，等高个子准备加速的一刹那，默多克又从他肋下将球掏了出来。

连丢两球！高个子顿时傻了眼。

默多克镇定地站住，面朝着高个子，高高昂起头颅，得意扬扬地说："道歉，不然你就是懦夫。"

高个子早就没有了底气，低下了头，道歉。

在默多克的成长过程中，这次事件看似微不足道，却成为至关重要的一件事情。默多克后来屡屡回忆这件事，因为通过这件事，默多克明白了一个道理：有时候，明明是自己的劣势也会转变成为优势。

世界上也没有永远的优势，只要去战斗，就有赢的希望。

在学校里，大多数老师对默多克的印象是这孩子不好管理，桀骜不驯，有自己的想法，不遵守规则，所以，多数老师都不喜欢他。可也有几个老师慧眼识英才，觉得默多克非常聪明，是一个可造之才。在这些老师中，有一位叫作马斯特曼的老师对少年默多克影响甚大。

马斯特曼学识渊博，对世界人生都有独到的见解。他教过的学生虽然很多，但他感到默多克身上有一种超越常人的早熟，而且聪敏。

长时间以来，他饶有兴趣、不动声色地观察着这个特立独行的孩子。

有一天，他的妻子玛格丽特回到家，告诉他说："亲爱的，这些年来我碰上多少好孩子，可今天终于碰到了一个又聪明天分又高的孩子，真是难得！"

马斯特曼连忙问是谁，玛格丽特说："还能有谁，就是那个调皮的小子鲁珀特·默多克！"

玛格丽特说起鲁珀特时，嘴角洋溢着笑意。

马斯特曼顿时感到很欣慰，他问妻子："那么，亲爱的，你是怎么知道他有天分的呢？"

玛格丽特高兴地说："这还用问吗？当然是作文啦。我本来就觉得这个倔倔的孩子有喜人的地方，今天看了他的作文，我觉得这绝对是一个对文字有十足的敏感性的人！"

玛格丽特边说边从提包里拿出一沓作文纸，给马斯特曼看，马斯特曼边看边欣慰地点头："看来，我这段时间的观察果然没错，逻辑性很强，文笔成熟，如果不是你说，我还以为这是报纸上摘下来的呢。哈哈，看来我的观察力也不错嘛！"

马斯特曼扬扬自得起来，玛格丽特看着自己的丈夫，也感到好笑。是啊，教书为了什么呢？为了养家糊口当然对，但，能遇到一个好学生，是多么不容易的一件事情。

"我们为什么不让这个'孤独'的艺术家来咱家做客呢？"马斯特曼笑吟吟地问道。

玛格丽特回答说："好啊。其实，我也是这么想，只不过担心你不同意才没提出来。小家伙这么点儿就离开家，肯定寂寞得很，詹姆斯·达林那家伙我们还不知道吗，整天摆着一副臭脸给孩子看，哦，可怜的小乖乖。"

玛格丽特夫人有些难过地、仿佛哀求似的对马斯特曼说道："就让他明天来我们家吧？"

马斯特曼点点头表示同意。

3. 难忘的一次做客

一天，马斯特曼上完课后，看到默多克正一个人在操场上堆沙子，于是悄悄地走过去，对他说："鲁珀特，你做得真好，我看你倒是一副艺术家的样子哩！"

鲁珀特·默多克抬头一看，是和蔼可亲的马斯特曼。自从来到这所学校以后，这是他喜欢的唯一一位老师，看到他，就仿佛见到了自己的父亲基思。

但默多克从小养成了独立、自闭的性格，所以脸上的神情淡淡的，只是朝着马斯特曼眨眨眼，算是打了招呼。

马斯特曼被鲁珀特·默多克打招呼的方式逗笑了，他连忙说明来意："小朋友，你有空去我家做客吗？"

默多克一听原来是这件事，心里马上乐开了花。

此时，在默多克眼里，马斯特曼的笑容如此阳光，他的话也真像阳光一样照在默多克的心灵里。默多克仿佛一下子回到了婴儿时期，被爸爸妈妈亲热地拥抱着，只管享受午后的阳光……

马斯特曼依然笑吟吟地站在他面前，他能觉察出默多克正沉浸在美好回忆中。他想：这个孩子一定想到自己的爸爸妈妈了，而且一定是被爸爸妈妈宠爱着的时候。

一会儿，默多克回过神来，见马斯特曼依旧站在那里看着自己，腼腆地摸摸后脑勺，用力点了点头。

天知道默多克做这个动作有多困难。长久以来，他已经习惯了拒绝：拒绝老师的命令，拒绝参加集体活动，拒绝别人和自己沟通。不过，当他点头同意后，心里真开心！

回到寝室，默多克仍然处于兴奋中，一夜几乎没合眼。天刚亮他就起床了，仔仔细细地洗脸刷牙。昨天回来之前，他买了一把梳子，现在，他正蘸着水认认真真地梳头。

洗漱完毕以后，默多克从柜子里拿出一件白衬衣，一件黑外套，站在镜子前穿好。看到镜子中帅气的小伙子，他开心地笑起来。

玛格丽特和马斯特曼也一样，因为好久没有主动邀请学生到自己家中做客而倍感兴奋。

这天早晨，马斯特曼早早起床，来到院子中散步。夫妻两人一边散步，一边聊着关于默多克的事情。

正在这时，夫妻俩一抬头，看到远处走来一个帅小伙儿，只见他穿着一身考究的衣服，面带笑容。仔细一看，正是默多克。

夫妻两人连忙迎上去，玛格丽特搂着默多克的小脑袋说："小宝贝，你来得可真早啊。"

马斯特曼拉起默多克的手说："走，我们进屋。"

三个人一起进了屋子，虽然很兴奋，默多克依然始终保持一点儿羞涩的神情。

他眼睛睁得大大的，四处打量。

"吃过早饭了吗？"马斯特曼亲切地问。

"吃过了，先生。"鲁珀特·默多克亲切地称呼马斯特曼为先生，这让他感觉非常舒服。

玛格丽特走过来，用略有些颤抖的手摸着默多克的脑袋，转过身来对马斯特曼说："瞧瞧，我说什么来着，这孩子一定会有出息的。你看，这么小的年纪，咱们的鲁珀特就有外交家的风度呢。"

默多克的心理防线彻底被这两位慈爱的长辈打破了，离开家这么久养成的矜持和自我保护意识一下子消失了，他笑着说道："先生，夫人，让我来帮你们干点儿家务活吧！"

玛格丽特以为这孩子是因为不想白白地在自己家吃饭，要做工来补偿，连忙制止道："小宝贝，不行的，你是我们的客人，我们怎能让你干活儿呢？对吧？马斯特曼？"

玛格丽特望着丈夫，希望丈夫帮自己说服小默多克。不过，马斯特曼比他的太太更了解鲁珀特·默多克，他知道这孩子只是习惯了劳动，把这里当成了自己的家，于是他说道："孩子，如果你认为帮我们干点家务活是因为我们是你朋友的话，那我真的很感谢你，也会让你去做，但如果你是要偿还我们请你吃的饭的话，那可不行噢。"

马斯特曼和默多克交流的时候，就像是一个调皮的孩子，语调配合上表情，让默多克格外心安。

默多克听完，高高挽起袖子，微笑着说道："当然是前者，夫人，先生。"

然后拿了拖把就出去了……

在家中时，伊丽莎白就教育孩子劳动的可贵。她喜欢让孩子自己去劳动，而且必须做好，鲁珀特·默多克从小就习惯了劳动，当他劳动的时候心中就特别充实，所以默多克非常勤快。

马斯特曼去书房整理房间，玛格丽特太太倚在门框上，静静地看着默多克，只见他将拖把放在水龙头下，打开水管涮洗，默多克也发现了玛格丽特正在看自己，于是边冲洗拖把，边冲着玛格丽特打招呼。

拖把涮好后，默多克就挨个房间清洁起来。默多克整整干了一上午，才让自己满意。干完后，马斯特曼来到房间，感觉每个房间都焕然一新，就好像是重新装修过一般。他开心地点点头，心想我果然没有看错这个孩子。

玛格丽特给默多克端过水来，默多克实在是渴了，他痛痛快快地喝了一大杯水。

马斯特曼来到默多克身边，亲切地看着这个孩子，忽然有一种冲动，真想把他抱在怀里。这时，响起一阵敲门声。他连忙走出去，发现是克拉克——自己共事多年的同事、老朋友。

马斯特曼深知这位老朋友的性格，在他看来，克拉克一定不会喜欢鲁珀特·默多克。

他犹豫地看着克拉克，不知道是该让他进屋还是告诉他家中有客人不太方便。

克拉克也是一个聪明人，马上发现老朋友神色有些不自在。于是，他开玩笑似的问道："怎么不欢迎啊？"

对老朋友，马斯特曼当然不必隐瞒，他说："那个调皮的小子鲁珀特·默多克在我家做客呢，你是否有兴趣和他玩一会儿呢？"

克拉克一听鲁珀特·默多克在，笑得合不拢嘴，说道："好啊，你们请了学校最聪明的孩子来做客也不叫我一声，这不够意思呀！你不知道，我一直想请他到我家中做客，不过这小子实在是太冷淡，我实在是不知道我要是开口，他会给我什么脸色。"

马斯特曼这才知道，原来克拉克和他一样，也是喜欢默多克的。他连忙让克拉克进到屋中。

克拉克来到屋子中，放眼一看，只见默多克穿得十分整齐，袖子却挽着，脸上和胳膊上全是灰。

他微笑着对马斯特曼和玛格丽特说道："你们就是这么对待客人的吗？哈哈，来，我给你擦擦。小伙子，下次不来这里啦，到我家去，我给你做好吃的。"

说完，克拉克掏出一块干净的手帕，仔细地给鲁珀特·默多克擦了脸和手臂。

默多克诧异地看着克拉克，虽然两人已经认识有一段时间了。不过，这可是克拉克第一次对自己表现出亲近。默多克的幸福感达到了顶峰，他向克拉克展露了自己最亲切的微笑。

马斯特曼和玛格丽特去厨房做饭了，默多克跟克拉克对坐着聊天。克拉克询问默多克平常看什么书，默多克说了几本。两人就书中的内容进行了一番探讨，克拉克对默多克的聪明越来越感到惊讶。

克拉克很想了解这个聪明的孩子的家族历史，于是问道："你知道自己家族的历史吗？"

默多克想了想，说："我听我的父亲说起过，我的祖父帕特里克是从苏格兰搬到澳大利亚的，我的爸爸基思当过记者——哦，哦，我祖父的性格——我祖父有很多孩子，我祖父是到澳大利亚才生的我爸爸。"

默多克忽然发现自己的回答前言不搭后语，他不好意思地皱起了眉头。

克拉克微笑着说："你是个多么聪明的孩子！你的聪明让我感到惊讶。但是，你看，连自己家族的历史都没有完全搞清楚，怎么可以呢。我是说，一个人，无论想要做成什么事情，都必须要有一个历史观念，历史观念不一定是将一个国家，或者人类的历史进程都装进自己的脑子里，历史观念是，当你从事一种行业的时候，你要有瞻前顾后的习惯。要看一看以前发生了什么事情，推测一下以后会发生什么事情。"

默多克看到老师这么兴奋，小心翼翼地问道："如果我瞻前顾后耽误了做事情的时机呢？"

克拉克听了哈哈大笑，朝着厨房里的马斯特曼和玛格丽特说道："我还真没发现，你们请来的还是一位辩论家呢！"

玛格丽特在厨房中嚷道："他不只是一个辩论家，还是一个外交家呢。"

默多克知道这是几个长者在善意地开自己的玩笑，他不觉便跟着大人笑起来。

或许，克拉克觉得默多克的这个问题太过抽象，于是停止了讨论。而默多克因为跟克拉克的这次谈话忽然觉得自己的历史观念实在太薄弱，于是回去狠狠下了一番功夫，终于弥补了自己的弱项。

不一会儿，饭做好了。三个大人一个小孩高高兴兴地吃起来。

这顿饭，对默多克意义非凡。

对默多克来说，他仿佛又回到了家中，回到了姐姐身边，那时，他们到处撒野、惹祸、搞恶作剧。可是，自从被送到这所语法学校，默多克就从未如此轻松和被关爱过，一个又一个凄凉的夜晚他过得孤独而痛苦。

今天，在饭桌上，三位温和亲切的老师对待自己像对待亲生的孩子那样，默多克心中激动莫名。如果说默多克这一段时间已经开始变得麻木不仁了，那么，这顿饭以后，默多克又重新知道了感恩。

4. 放开自己的心胸

从默多克到马斯特曼家里做客开始，鲁珀特·默多克开始改变了。

在马斯特曼的帮助下，教他的几位老师帮着他积极参加社团的活动，试图改变他有些孤僻的性格，最初，默多克十分排斥，但马斯特曼说服了他。不久，凭借着一股不服输的精神和出众的才华，默多克开始崭露头角。

在这期间，比较重要的一项任务是担任校报的编辑。

当时，参加考试的人有几十名，但默多克凭借着语言天赋和惊人的记忆力获得了校方认可。

与此同时，他还成为学校话剧团的一名成员，出演一些话剧。

几十年后，当年的同学回忆起这一幕时记忆犹新，说："他有一种成为导演的才华，我们都非常佩服他。"

渐渐地，默多克成为学校里的风云人物。

默多克经过如此多的磨炼，无论从精神面貌还是性格方面都取得了飞速发展。他已经不再是那个腼腆、害羞的小男孩，在大多数事情上，他都成为了身边人的精神领袖。在这方面，克拉克的用词比较准确——辩论家。

一旦意识到自己能成为众人关注的焦点和精神领袖，默多克迅速点燃了自己辩论的能量。他喜欢将自己平时隐藏在沉默下的激情在辩论的赛场上无情地、毫无保留地发泄出来，让别人震惊。

所有人——无论是老师还是学生——很快意识到，貌不惊人的默多克竟然有如此多的能量。

在一场关于公立学校制度的辩论中，默多克接受了艰巨的任务，像一个英雄一样站在台上慷慨陈词："公立学校既然是公立，我不明白为什么公立不能体现出一个社会的福利来，为什么不给穷人一些机会，让他们能够接受和富人一样的教育，要知道，他们也是我们社会的纳税人！现在，太多的人眼里只看到钱了，有些出身豪富的公子，并没有什么特别的优点，却被请来公立学校，他们配吗？"

默多克话音刚落，会场上已经响起了惊涛骇浪般的欢呼声和鼓掌声。人群中爆发出的欢呼声证明了，默多克真正成长起来了。

就这样，鲁珀特·默多克经历了小学、初中和高中的磨炼，变成一个思想成熟、做事有分寸的年轻人。

快到二十岁时，默多克被基思送到牛津大学深造。

小时候，是从家到基隆语法学校；这一次，是来到遥远的异国他乡。

同第一次生活的变化一样，最初，在部分授课老师看来，默多克不太适应牛津的学习。不过，时间不长，默多克就再次展现出了自己的与众不同。

很快，默多克就博得了几位有才华的老师的重视，甚至是友谊。其中，亚瑟·布里格斯——一位治学严谨的学者——十分喜欢他，默多克从他的身上学到了很多东西。

到牛津读书第三个月，默多克给基思写信说道："爸爸，这里有一位我十分喜欢的老师，叫布里格斯，他同样十分欣赏我，牛津的生活是枯燥的，但每当我与这位老师谈话的时候，就觉得特别有意思。"

收到信，基思很开心。更开心的是，默多克并没有像将他送到基隆学校时那样抱怨自己。基思暗暗叹了一口气，心想：看来儿子真是大了。看完信，他将信交给伊丽莎白，伊丽莎白微笑着对基思说："怎么样，我说他可以的吧。"

鲁珀特·默多克写到这里，一定想起了妈妈，他写道："如果妈妈在旁边的话，一定要替我好好感谢她。在写这封信的时候，我回想起很多过去岁月中发生的事情，永远记得她给我准备的那间小木屋，那间和你们隔离开来的屋子，妈妈特意给我买了一个手电筒，当星星满天的时候，我就会拿着手电筒朝天上照。我爱妈妈，有的时候我会给同学讲起这段经历来，他们都惊异于我那时候为什么不害怕，是的，我为什么不害怕呢？我想，是你和妈妈给我的爱足够吧。妈妈是一个严厉的人，却是一个充满爱的人，还记得你们两个晚上给我抓萤火虫玩的事情吗？那晚我忽然非常想跟你们一块睡，可妈妈将虫子递给我，然后非常明确地拒绝了我的请求。自立，我现在已经是一个自立的男子汉了，谢谢你们。"

伊丽莎白的眼角湿润了。多少年的心血终于没有白费，儿子终于成器了。

基思拍了拍伊丽莎白的肩膀，让她不要如此激动，说道："我看默多克的文笔已经跟从前大不一样，这不是报纸上的文笔，这是抒情散文的文笔。呵，人家在的时候，整天板着脸，人家现在离开了，倒开始想念了。好了，让我给鲁珀特写封回信吧。"

基思打开稿纸，开头写道："亲爱的亚瑟·布里格斯先生。"

伊丽莎白看到基思这样写，和基思对视一下，会心一笑，说："亲爱的，你做得对。"

基思继续写下去："您喜欢我的儿子鲁珀特·默多克，我十分荣幸且感激。我想，作为一个学识渊博的学者，您一定是把他当成了一个可塑造的人才。不过，请原谅我的妄自菲薄，在小学和中学的时候，默多克并不是一个十分出色的孩子，他甚至有些过于相信自己的判断。我们都知道，一个喜欢自己思考的人，最怕思考不严谨了，默多克给我们的信中说到了您，他说您是一位十分严谨的学者，那么，这就是我这一个多月来，哦不，自从鲁珀特·默多克去牛津上课以来我听到的最好的消息了。我希望您对他严格要求，着重培养他的逻辑意识，这样，哪怕他是一个再自我的人，想必在前进的道路上也不会偏离正轨太远的。"

鲁珀特·默多克收到这封信的时候，布里格斯正在他的寝室和他谈话，他忙把信交给老师，布里格斯看完以后笑着说："知子莫若父啊，你父亲看来十分了解你啊。"

鲁珀特·默多克默然不语，布里格斯知道默多克的习惯——当有些什么事情困扰着他的时候，他就会做出这种反应。布里格斯也不打扰他，拿起信纸，写一些礼貌的话作为回信。

突然，鲁珀特·默多克好像想通了什么事情一样，对布里格斯说："老师，您说这逻辑意识主要通过什么训练呢？"

布里格斯说："逻辑意识是可以靠训练来培养的，但最基本的是一个人要有一种联系的思维方法，有的人十分崇尚辩证地看问题，殊不知联系跟辩证同样重要，并且，二者是相辅相成的。"

布里格斯还要说下去，鲁珀特·默多克已经露出来苦恼而茫然的神情了。

"这个你们哲学老师没教过吗？还是你上课没有好好听讲？哈

哈，你一定又是上课的时候琢磨自己的事情了。"

默多克有些不好意思地回答说："不瞒您说，我对哲学一点儿兴趣都没有，我觉得哲学里面有很多的财富，可这些财富通过别的方式也可以被发掘出来，而且哲学非常拗口，可能是刚接触的时候我对一些名词不能理解吧，造成了阅读的困难，所以——所以我不喜欢哲学。"

鲁珀特·默多克原本以为老师会责备自己，因为爱之深责之切，布里格斯对他越是重视，也就越是希望他能有所成就。不过，布里格斯却说："鲁珀特，你难道没意识到吗，你已经在逻辑性地思考了。"

"什么？"默多克吃惊地睁大了眼睛。

"没错，实际上，你已经在逻辑性地思考了。刚才，你分析为什么自己不喜欢哲学的时候，你将阅读的困难放在第一位，阅读的困难不是理解的困难，世界上的学问都是连通的，但未必每个人都得选择哲学，你没有否定自己的智力，而是归结于对于名词的不理解，这就是十分理性的解释、逻辑性的解释。你先前并没有接触很多关于哲学的东西，对于名词来说，你现在不理解是可以原谅的。"

听完布里格斯的话，鲁珀特·默多克的眼睛里全是闪耀的光辉。他想：原来，即便在我最不擅长的领域，我也还是有可塑性的。

但布里格斯也看出了这个骄傲的小伙子的心思，于是他说："默多克，逻辑性你固然是有的，但是你并没有利用好它，如果你是一个真正理性的人，就应该选择一门自己喜欢的学科，认真钻研，然后可以达到贯通的境界。"

默多克马上说："老师我喜欢政治学。"

"哦？政治学？"布里格斯十分奇怪，这门学科在人文学院是出了名的讨人厌，绝大多数学生都不感兴趣。但他转念又想：这件事本来就该如此，毕竟坐在眼前的这名学生也不是一般的学生！

于是，他问默多克为什么喜欢政治学，默多克回答说："因为我觉得情报收集工作非常刺激！"

此后，布里格斯着重培养默多克的思维，侧重政治学和历史学两门课程。

布里格斯学识渊博，授课经验丰富。他设置的课程简洁而出色，对默多克来说相当轻松。

课堂上每一次简短的对话，每一个小小的简答题，或每一回辩论等均令默多克饶有兴味地沉浸其中，此时，布里格斯对默多克说"训练完毕"了。

日子过得像是流水，随着训练的深入，默多克的思维越来越成熟了。

此时，默多克惊讶地发现，即便是哲学和经济学，偶尔翻阅一下，竟然也有一些独特体会。

有一次，在两人讨论过程中，默多克把自己的变化告诉布里格斯的时候，布里格斯露出赞许、欣慰的神情。

布里格斯教过的学生非常多，但只有默多克是真正的可造之才。

在社交方面，默多克也获得了长足进步。当他和其他人打交道时，往往没费多大的力气，就已经深入群体，而且很快便能成为主导者。这在未来的几十年时间里起到了至关重要的作用。

当他努力思考为何会如此时，他才惊讶地发现，原来一切都源自母亲的严格教育。默多克想起小的时候妈妈让自己去卖报纸卖废铁赚钱的事情来了，看来，伊丽莎白煞费苦心的教育终于没有白费。

在牛津，除了布里格斯，默多克还有一大群能够聊得来的朋友，其中关系最好的是罗汉·里维特。

罗汉·里维特是有家室的人，鲁珀特·默多克经常受到邀请去他家做客。吃完饭后，两人就双方都感兴趣的话题进行各种各样的辩论。有趣的是，当基思听说自己的儿子交了一位好朋友时，又忍不住给人写信了，他信上着重罗列了儿子的一些特点，还对罗汉·里维特表示了衷心的感谢。

在这个世界上，最明智的父亲才会写这种信。他没有刻意谦虚地说儿子的缺点有哪些，需要多多包容的话，而是罗列了儿子的性格特点，这样有利于罗汉·里维特了解鲁珀特·默多克。

罗汉·里维特看了一下基思的来信，绽开笑容，为自己的好朋友有这样伟大的父亲感到庆幸。不久，他给基思写回信，说了一下默多克在牛津的学习情况，以及平常的交际情况。

基思收到罗汉·里维特的回信后，对伊丽莎白说道："瞧瞧吧，我们的儿子交到了一位非常称职的朋友。"

罗汉·里维特的妻子南希同样喜欢鲁珀特·默多克，并为自己的丈夫能交到这样的好朋友感到开心。

于是，有一段时间，只要鲁珀特·默多克有空闲时间，他就会接受夫妻两人的邀请，到他们家中做客。罗汉·里维特给基思的信中写道："我该怎样称赞我的好兄弟默多克啊，他是那么的有主见，而且有交际智慧，我觉得他是在向人们宣布，自己比您还要强哩！"

另一方面，在澳大利亚，基思的事业也越来越红火，他主办的几份报纸销量领先，受人欢迎。他给默多克写信时，经常提到自己的报纸：一来让默多克欣喜，二来让默多克有奋斗的目标。

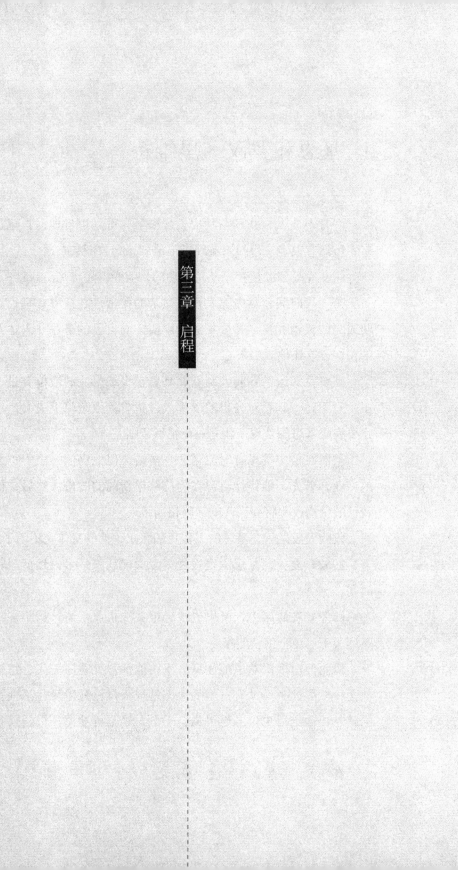

第三章　启程

1. 基思和罗汉·里维特

　　岁月不饶人，儿子茁壮成长起来了，可基思发现，自己逐年衰老，虽然有很多梦想尚未实现，但他却感到力不从心。

　　默多克受到的教育无疑是成功的，他变得相当杰出。

　　有一段时间，默多克发现了父亲的秘密，在信中，基思时常感叹时光的流逝和自己将要年迈的事实，而自己的事业并未达到自己的预期，这让他颇为灰心。

　　默多克知道，在澳大利亚，基思在报纸行业的地位算是不低的了，只不过，基思对自己的梦想太过执着。他暗暗下决心，自己一定要完成基思的梦想，建立一个报纸帝国。

　　虽然在信中基思有时流露悲观情绪，但他仍然在极力扩大自己的产业。首先，他稳住自己在阿德莱德新闻的股份。然后，他用比较低的价格收购将要破产的《阿格斯报》。

　　收购完成以后，基思的工作更加繁重，他的身体吃不消了。

　　1952年夏天，基思决定接受第二次前列腺手术，然后静养一段时间。

　　即便躺在病床上，基思也没忘记关注报业行情。病刚好，基思迅速买下《昆士兰新闻报》。

　　伊丽莎白多次劝说他休息一下，他都苦笑着摇摇头。她知道，他之所以如此拼命，有一半的原因是想为自己钟爱的儿子铺平前方的路，让他走得更快、更平稳。于是，她不再劝说，只是默默地关心他。

　　有一天，基思找来罗汉·里维特进行了一次深入的谈话。

罗汉·里维特经由默多克而认识了基思，此时，他已经被提拔为阿德莱德《新闻报》主编。

基思此时找他谈话，里维特大致猜到基思要交代后事。

走进房间，里维特第一眼就看到了基思凹陷的双眼，他吃惊地说："基思叔叔，您还好吧？"

基思无力地笑了笑，用力眨眼挤出一点儿神采来，罗汉·里维特恭敬地坐在基思的身旁。

等里维特坐稳，基思单刀直入地问："咱们认识也有些年头了，你觉得鲁珀特·默多克是怎样的一个人？请不要跟我说太多他的优点，就像我第一次给你写信一样，说一说他的'特点'吧？就像你知道的，我现在是一个行将入土的人了，我要知道我儿子最亲近的朋友是怎么看待他的。"

基思和罗汉·里维特关系复杂，他不仅是叔叔、上司，还是一位可敬的、关心自己儿子并愿意和自己交流的长者。

于是，里维特实话实说："好的，您对于鲁珀特赌钱的事情应该知道一些吧，前些天他又去了，这件事情我不想瞒着您，原因有二：第一，赌钱可以训练他那种对于希望的渴望精神；第二，我要您知道您的儿子最坏的时候是有一副赌徒嘴脸的时候，不是杀人者，不是强盗，不是骗子，不是阴谋家，就是一个喜欢钱、喜欢胜利、喜欢冒险刺激的赌徒。"

基思的眼睛里闪耀着晶莹的泪花，他被这个诚实憨厚的年轻人感动了。罗汉·里维特继续说道："那么，现在我希望您放下您的心，听一下您儿子最好的时候是什么样子的——我敢说，鲁珀特·默多克以后绝对可以成功地办成大事情，只要他想。我和南希都是默多克的朋友，知道他喜欢放纵自己，可上一次跟他去旅游的时候，我们惊喜地发现他已经变了，彻彻底底地变了，他有主见但不固执，成熟稳重而又细心认真，所以当他请别人帮忙的时候，别人总是竭尽全力帮助他，这就是您儿子现在的交际情况，他是一个喜欢为别人着想的人。"

基思微笑了，同时，一股浑浊的泪水流下来。

他知道，自己对孩子的爱没有耽误儿子的发展，他感谢儿子的朋友告诉他关于儿子的一切。

里维特看到基思越来越激动，干脆长话短说："基思叔叔，您知道吗？鲁珀特·默多克并不喜欢炫耀，他现在完全可以直接接手您的工作，而且也会做得有模有样，可他并不以身为您的儿子而自大自我。他私下里跟我说过，他要从最低的职位做起，积累自己的经验，然后创立一个真正的传媒帝国！"

此时，罗汉·里维特不禁回想起这些年来和基思、默多克家族的交往，他起身给基思倒了一杯水，然后又给自己倒了一杯，眼神里全是神采。

基思喝了水，安详地闭上眼。罗汉·里维特想：他肯定沉浸在对自己儿子的自豪当中呢，还是不要继续交谈的好，他的精神已经不太好，受不得劳累。于是，他轻轻地开门，准备出去。忽然，他身后传来基思的声音："里维特，我的朋友，认识你是我的荣幸。"

里维特转过身子，两人相视一笑，然后他走了出去。

基思生病这段时间，鲁珀特·默多克在他身边认真照顾了一段时日。基思基本康复之后，他又回到了牛津。

可不久，一个不啻于晴天霹雳的消息传来，基思去世了。父亲去世了？这不可能！默多克一直以为父亲是那个可以一举手就将自己托上天的人，他怎么会去世呢？

鲁珀特·默多克一边流着眼泪，一边掐了自己的大腿一把，疼！看来，这件事是真的，鲁珀特·默多克顿时泪如泉涌。

2. 父亲的离世

鲁珀特·默多克听到父亲过世的消息，似乎时间已经凝固了。他不顾一切地跑出学校的大门，跑回家！

在路上，默多克一边流着眼泪一边回想起童年生活中的点点滴滴。在童年生活中，基思就像是默多克的守护神，很少有父亲像基思对待孩子那样慈爱。他对孩子们总是关怀备至，又温柔又体贴地照顾他们的小情绪。可是，这一切，都回不去了，父亲现在已经去了天国，他的笑容、他慈爱的声音都一起去了天国。默多克一想到这些，眼泪更加止不住了。

回到家，默多克第一眼就看到哀伤的伊丽莎白蜷缩在沙发里，女儿们围绕在她的身边。妈妈，亲爱的妈妈就蜷缩在那里，就像是一只受到伤害的小狗，祈求别人的帮助。默多克的心一下子紧缩在一起。在他的印象中，这还是他第一次看到伊丽莎白如此无助。与基思不同，在家中，伊丽莎白对待孩子一直很严厉，所以孩子们很少能看到母亲脆弱的一面。

几天以后，基思的丧事处理完毕。

晚上，默多克坐在自己小时候就已经习惯的房间里，自责而又哀伤。

他自责，是因为自己没能和父亲在一起度过最后的时间；他哀伤，因为眼前的一切都有父亲的影子，甚至连院子里的大树和小房子的木头门都仿佛带着父亲的温度。

此时，鲁珀特·默多克将视线移到客厅，他忽然回想起，有一次因为自己犯了错误，母亲伊丽莎白让自己罚站，父亲就悄悄地走过去，把他拉到了屋子中陪他玩。如今，他不在了！鲁珀特·默多克呜呜地哭起来……

就在鲁珀特·默多克捂住眼睛抽泣的时候，一双带有皱纹的手搭在了他的肩上，他知道是妈妈。

伊丽莎白的头发几乎全白了，只有习惯性紧闭的嘴唇显示着她一家之主的坚强。她看着鲁珀特·默多克，忽然欣慰地笑了！

她笑着说："我的赌徒儿子在哭哩。"

一听这话，鲁珀特·默多克的眼泪再也止不住了。他抱着母亲的腿放声大哭，不，他的哭泣不是为了自己去赌钱，做赌徒，而是因为母亲这话太温和、太久违了，有种父亲的感觉！

鲁珀特·默多克哭了一会儿，忽然说："妈妈，我要完成爸爸的梦想。"

伊丽莎白点点头："你打算什么时候去那里上班？"

鲁珀特·默多克知道妈妈说的"那里"指的就是阿德莱德公司。这几天他早已经盘算好了，于是他说："妈妈，我已经想好了，我要从最基本的做起，我打算在伦敦的《每日快报》做一个临时工作。《每日快报》是非常好的一份报纸，那里的老板管理有方，对于父亲的管理，我早就十分清楚了，但是要管理父亲的产业，我必须要学一点儿新的东西，这样才能不被其他的同行压倒——妈妈。"

鲁珀特·默多克说完，伊丽莎白竟然露出了笑容，她扶正儿子的肩膀，说："亲爱的鲁珀特，我知道你想要什么，也理解你的做法。其实，一直以来，你父亲和我的想法也是一样的，我们都希望你能先走自己的路，再接你父亲的班。可是，没想到，他这么快就……"

话说到这儿，伊丽莎白就说不下去了。不过，她赞同默多克的选择已经明确无误。

鲁珀特·默多克欣喜万分。

从这一刻开始，默多克就接过了父亲的梦想，从一个小伙子向一家之主转变。

去《每日快报》上班后，鲁珀特·默多克重新激情四射，父亲离世的阴霾基本一扫而光。

因为工作认真、勤恳，又有才华，《每日快报》的老板比勒布鲁克十分赏识鲁珀特·默多克。有一天，他对默多克说："只要你勤恳工作，在我这里你会活得体面的！"

不过，体面并不是默多克追求的，他想要一个帝国——报纸帝国。那曾经是基思的梦想，现在，是他的梦想。

为此，默多克仔细观察比勒布鲁克的经营方法，发现他的最大盈利根基就是要拥有足够大的资本。另外，《每日快报》那种辛辣、生动的特点让鲁珀特·默多克了解到编辑工作的重要性，这段时间，他被分配到助理编辑的职位上，学习了丰富的编辑经验。这段宝贵的经历，为默多克刚开始接手父亲的事业提供了保障。

3. 我回来了

1952年，默多克终于学成归来。

阿德莱德变化之大让人惊讶：高楼大厦鳞次栉比，交通便利，广告满大街。

鲁珀特·默多克在伦敦的《每日快报》做编辑助理这段时间，发现了广告的象征性。广告越多就意味着新闻媒体越多。

那么，默多克需要面临更多的竞争者。一想到这儿，鲁珀特·默多克心情就格外舒畅。因为，他从来就不是一个害怕竞争的人，竞争能带来更多的收购和收益，也会尽快实现自己建立报业帝国的梦想。

默多克带着颇为不平静的心情走出机场，只见主编罗汉·里维特已经在等候了。鲁珀特·默多克深情地拥抱了自己的好朋友。里维特惊讶地发现，几年时间，鲁珀特·默多克多了一份男人的成熟，眼神里显示着一个志向远大的人才有的精气神。

罗汉·里维特知道默多克的脾气，开门见山地问道："我们什么时候开始？"

鲁珀特·默多克说："你说什么时候开始，咱就什么时候开始，毕竟你比我更了解这座城市和这里的报纸情况。"

他们一起走出机场，回到默多克家中。

伊丽莎白来到门口，热情地拥抱了自己的儿子。

此时，距离基思·默多克去世已经三年了。鲁珀特·默多克见母亲的白发越来越多，心中一阵酸楚，当母亲拥抱他的时候，他还以更亲切的拥抱。心中默默念叨着：亲爱的妈妈，儿子回来了。

随后，他拿出礼物送给母亲和姐姐。

伊丽莎白老了，不再那么严厉。虽然儿子还是儿子，但她对待儿子的态度明显转变了，她严厉的表情消失殆尽，慈爱满面。

伊丽莎白拥抱了里维特，然后指了指基思当年的书房。鲁珀特·默多克和罗汉·里维特知道，伊丽莎白太明白儿子回来的目的，这是要让他们去谈论公司的业务。

进屋以后，里维特首先表示了自己的歉意。他向默多克说明，基思活着时，收购过程中浪费了太多财力。他去世之后，几份报纸都出现了不同程度的财政危机。

里维特说："鲁珀特，你知道上次我坐在这个位置是什么时候吗？"

鲁珀特·默多克听里维特这么问，便说："我知道，肯定是我父亲见你的时候。"

罗汉·里维特点点头，说道："我知道你能猜出来，可我要是不说，你也许永远也不会知道我们谈论的是什么。"

鲁珀特·默多克故作猜想的表情，然后问："是说家产怎么分配？哈哈，罗汉，逗你呢，那肯定是关于我的事情吧？"

罗汉·里维特回答说："鲁珀特，你说得对，我们在谈论你，而且基思先生因为你的出色而高兴得流下了眼泪，我希望咱们能够将基思先生的产业做得越来越大，才算对得起他！"

想到父亲，鲁珀特·默多克已经平静下来的心立刻又沉重起来，他看着罗汉·里维特说："罗汉，你担任主编这么长时间，一定比我对我们的报纸有更多的了解，我想听听你的看法，你认为我们的痼疾在哪里？"

"这些年来，我一直也在思考这个问题。我想问题主要出在两个方面：第一，经营不够精细；第二，报纸的创造力不足，虽然我们手里有好几份报纸，但是没有一份报纸是真正有创造力的。"

"罗汉，我想说我同意你的看法，这也是我这么多年来观察父亲公司的经营状况得出的结论。我之所以要去《每日快报》工作，就是因为我想知道，优秀的报纸是怎么经营的，这三年来，毫不夸张地说，我已经得出了很多有利于我们发展的经验。"

"比如说？"罗汉·里维特被鲁珀特·默多克说得心中痒痒的。

"你说我们不够精细，可不够精细究竟在什么地方呢？因为大而无当。我父亲为了将默多克家族发展的基础打牢，不惜花费大量成本到处收购，这在表面上是扩大了我们的经营范围。其实，我们的员工质量和数量跟得上公司的扩建吗？我们的公司内部核心成员果真就像说的那样，那么团结吗？我们自己的眼光够长远吗？这些都是我们之前没有注意到的问题。现在，罗汉，我认为，是时候让公司减负了。"

"减负？你的意思是什么？我没太明白。"

"我的意思其实再明白不过了，我已经想过了，我们现在拥有四家报纸，我们是不是可以卖掉两家，然后集中资金来发展另外两份报纸？"

"可是——那是基思先生的产业啊，当初为了给您留下足够多的财产，基思先生可是忍着病痛来跟人谈判收购的。"

鲁珀特·默多克说出这句话的时候内心当然相当痛苦，他的眉头拧成了疙瘩。不过，默多克是一个很有主见的人，他想到的主意不会轻易改变。

"没事，亲爱的孩子们。我听到了你们的谈话，我知道你们的目的是什么，让默多克家族更加强大，关于基思的财产可卖与否的问题，我在这里表一下态度：只要是有利于咱们公司的发展，你们完全可以适当卖掉两份没有利益可图的报纸。我在想，这个世界一直在变化，我们也应该随着世界的变化而改变自己以适应这个世界，你们如果觉得现在手里有两份报纸是合适的，我支持你们。"伊丽莎白走进屋，亲切地看着默多克，微笑着说。

里维特眼含泪水，站起来对伊丽莎白说道："您放心，我和鲁珀特一定会将默多克家族的产业做得越来越大的！"

鲁珀特·默多克把椅子拖到了伊丽莎白的后面，他按着母亲的肩头，就像当年的父亲那样，什么话都没说，只轻轻地对伊丽莎白说了句："妈妈，你累了，坐下歇歇吧。"

伊丽莎白此时心潮起伏。因为种种缘故，在默多克的童年时代，伊丽莎白对待这个儿子太过严厉，几乎没有像一个慈爱的母亲对儿子那样表现出任何温柔体贴。

默多克长大后，她也经常后悔。

伊丽莎白在鲁珀特·默多克的这一句关切的话语中消融了，她抹着泪水，走出了书房。

"亲爱的罗汉，我们应该卖哪份报纸呢？这你应该比我清楚得多啊。"鲁珀特·默多克将话题拉了回来。

"《星期日邮报》和《新闻报》是应该留下的。"罗汉·里维特说道。

"好，就按照你说的办。咱们需要先把精力放在救活《新闻报》上。"

鲁珀特·默多克的新篇章开始了！

4. 新的形势

默多克对形势判断相当准确，阿德莱德经济的发展带动了新闻媒体的发展。此时，已经远不同于基思时代。

在基思留下的几份报纸中，只有罗汉·里维特主编的《新闻报》能勉强支撑，但也岌岌可危，另外几份报纸一直处于亏损的状态，一直依靠着银行的贷款苦苦支撑。

基思的眼光没错，罗汉·里维特十分有责任感，为了不辜负基思的重托，他将所有的精力都放在了《新闻报》的编排上。幸运的是，他的妻子南希总是在他愁眉苦脸的时候给他以安慰，让他有足够的能量渡过难关，以便等待鲁珀特·默多克的回归。

在阿德莱德报界，《广告商报》《先驱晨报》《妇女周报》受人欢迎，而《广告商报》更是占据半壁江山。在里维特看来，《新闻报》的不景气在很大程度上就是因为《广告商报》对市场的争抢，因为两份报纸的受众相同。

《新闻报》是墨尔本先驱集团属下的报纸，主管人有深厚的政治背景，无论从关系上还是资金上，都比默多克家族强大。

可以说，《新闻报》就处在夹缝当中。

鲁珀特·默多克充分调查了新闻界的情况，又听取了里维特的报告。当他认为自己可以参与报社的工作时，他终于出现在报社。

第一天出现在报社员工面前的形象如何呢？据当时的员工讲，默多克睿智、精明、活力四射、善于交际。

原本，报社员工担心年轻的默多克只是一个纨绔子弟，现在，疑虑打消了。

不过，仍然有少数人为另一件事担心，是什么事呢？赌博。

作为一个成功的企业管理者，鲁珀特·默多克有一个备受指责的习惯，就是赌博。

基思快要离开人世的时候，罗汉·里维特曾经谈过此事，这在谨慎的里维特看来，是不该发生在默多克身上的。所谓没有不透风的墙，在默多克将要回来执掌大局时，这件事在公司内部悄悄传播着，一部分人担心：一个赌棍根本无法经营好一家报社。

在默多克来到报社上班之前，报社的士气因为这件事显得非常低落。不过，鲁珀特·默多克一进公司的大门，所有人都眼前一亮，这并不是说他的长相有多么英俊，而是因为在他的身上，人们看到了一个企业领导者所应该具备的素质和精神面貌。

到报社的第一天，鲁珀特·默多克就一刻都不停地东走西逛，和每个能谈话的员工交流报社的情况。

这对刚认识他的员工至关重要，人们都说这是一位喜欢找问题的老板。听到这个评价，鲁珀特·默多克哈哈大笑。他知道，他就是找问题的。公司想要发展，就必须解决好问题。

从回归的第一天开始，鲁珀特·默多克事必躬亲，因此赢得了人们的交口称赞。不久，《新闻报》便显示出一种高昂的士气。

员工们逐渐适应了老板的工作节奏，加快了编辑速度，这是鲁珀特·默多克以身作则的影响。

不知出于什么目的，默多克在《新闻报》上刊载了自己的一幅图片：稍微发胖，头发卷曲，表情认真而单纯，就像一个将所有的精力都集中到一个点上的孩子。

从某方面看来，鲁珀特·默多克确实就是一个孩子，他将自己的所有热情都播洒到自己的宝贝上了。

图片的下面还有一句话，是对他的管理最大的说明：一切只为工作。

当然，如果默多克只是如此简单的一个领导者，他也不可能成为报业的皇帝。从进入报社的第一天开始，他便制订了详细的计划。

来到报社后，他做的第一件事是改变报社员工对待工作的态度。在他看来，这是至关重要的一步。

鲁珀特·默多克思考了很久，他在办公室里的每一个表情和动作几乎都是着重注意过，他要以身作则。

不久之后，罗汉·里维特已经发现了变化。他说："亲爱的朋友，你可真是一个交际方面的天才，人们的情绪一下子就被你带动起来了。"

鲁珀特·默多克谦虚地回答说："我认为我给人们带来的不是一副严肃的嘴脸，我只是让他们在轻松愉快中更加高效地完成工作罢了。所以人们才会听我话，罗汉你果真是最理解我的人，不看重我强权的一面，看重的是我的交际才华。"

罗汉·里维特心中的一块石头放下了，他甚至反思是不是将鲁珀特·默多克赌博的事情看得过于严重了。

看到交谈如此融洽，鲁珀特·默多克连忙说："亲爱的罗汉，我希望我们各自分工。"

此事他思考已久，他知道，《新闻报》资金不雄厚，要想战胜其他的报纸，必须做到两点：节约、高效。

从节约角度来说，分工越是明确，就越能减少浪费。

所以，他才对老朋友罗汉·里维特说这番话。

自从默多克来到报社开始，罗汉·里维特就察觉出此问题，他回答说："老朋友，这也是我正在考虑的问题，你认为我们应该怎么分工呢？"

默多克早已经思考成熟，他说："关于财务、广告、报纸的发行之类的事情就交给我吧，我喜欢闯荡，并且，你知道我是一个闲不住的人哩！"

罗汉·里维特说："我很同意你的说法，那么，我的工作就是管理编辑记者了吧？"

说完这话，里维特忽然变了一种口吻，说："鲁珀特，我希望你注意一件事情。你刚来公司的那几天可以说是一位绅士，而现在却像一个小混混，那时候你穿着得体，富有朝气，公司里的每个人都喜欢你，可现在你太不注重穿着了，这可不是一个以身作则的老板应该有的形象啊！有人说你的衣服就像印象派画家胡乱在纸上涂抹的东西哩！"

正如罗汉·里维特所说，鲁珀特·默多克喜欢穿同一件衣服，而且不喜欢换洗。

鲁珀特·默多克一听穿着问题，神经马上松弛下来了。

他哈哈大笑，本想敷衍了事，又觉得里维特神情严肃，便说道："我亲爱的罗汉，你知道我和你的区别是什么吗？你的家教可比我好多了，我现在还记得被妈妈惩罚的时候是什么可怜的模样呢。不过老兄，你注意到，我现在穿着完全没有刚来的时候体面，你知道是因为什么吗？因为我刚来的时候是弄虚作假的哩，天知道当时我是多么难受，一天换两次衣服，还要保持笑容，真是太痛苦了。你是一个整洁的人，我想我会慢慢跟着你学习，最终有一天变得非常爱干净的。只是我现在穿着邋遢，员工们也没有表现出对我的厌恶嘛。"

罗汉·里维特听完鲁珀特·默多克的话，知道这个家伙在这件事上是改不掉了。好吧，既然如此，那就只能这样了。

不过，在其他方面，默多克的进展相当快速。

第四章　沿着父亲的足迹

1. 资金

鲁珀特·默多克来到《新闻报》以后不长时间，就塑造了自己的形象：不太在乎吃穿的工作狂。

这种形象对员工的激励作用相当显著，很快，鲁珀特·默多克便发现了员工们蓬勃的神态。到此为止，默多克的第一步计划完成，他要开始第二步计划了。

如果说鲁珀特·默多克的第一个计划受到了所有人的欢迎，进展顺利的话，那么，他的第二个计划却受到了极大的阻力。

回归《新闻报》不久，鲁珀特·默多克便发现报社的人员有点儿多，工资数额居高不下。这件事在基思时代便存在，但是基思心慈面软，不忍心做出任何改变。如今，年轻的默多克不同，他比基思更像一个合格的企业领导者。

于是，一个念头浮现在他头脑中——裁员。

当他第一次向罗汉·里维特提出想法的时候，里维特提出了反对意见，他认为《新闻报》正处在上升阶段，不适合辞退一些老员工。

但鲁珀特·默多克坚持想法，他认为在平衡开支和留住人才两方面要两害相权取其轻。

随后，鲁珀特·默多克和罗汉·里维特进行了一天一夜的两人会议。会议从最初的唇枪舌剑到最终里维特被说服，最后将名额定为40人。

第二天，鲁珀特·默多克和罗汉·里维特集合这40人，开了一个全体员工的会议。

鲁珀特·默多克首先阐明了自己裁员的原因，他略带伤感地说："首先，我想说明的一点是，我并不是一个冷血的人。我同样十分不想看到我们的员工被裁掉，那都是有用的人才，可是我们不得不这样。不这样，我们这里的其他人就吃不上饭了；不这样，我们的效率永远不会比别的报纸强。媒体行业的运行，靠的是什么？是创新，我和罗汉·里维特觉得你们留下来的人都是善于创新的人才，都是真正对公司有用的人才，所以，尽管我们现在还没有把《新闻报》做成阿德莱德第一大的报纸，但我相信，这个日子不会远了，因为，我们有最精简的结构，有最负责任的员工，有最具有创新性的人才，你们是《新闻报》的希望所在！"

鲁珀特·默多克的演讲获得了一致认可，报社的动荡暂时平稳下来，罗汉·里维特夸赞鲁珀特·默多克说："我的朋友，你是怎么练就的这一张巧嘴的啊，这真是一门神奇的技能，能将人内心的感情都激发出来。"

鲁珀特·默多克开玩笑说："很容易，我在基隆语法学校和那些笨蛋辩论的时候就拥有了这项技能。"

事实胜于雄辩，罗汉·里维特发现默多克的决定是正确的：精简过的团队工作效率提升了，员工也更具有凝聚力了，《新闻报》呈现出生机勃勃的景象。

不过，澳大利亚人并不太习惯高强度的工作，有的员工苦不堪言，私下想提出辞职。但鲁珀特·默多克对他们进行了及时的安抚，并做出表率。有一次，他连续写了30篇稿子，花了一天一夜的时间，写完之后，连觉都没睡就继续工作。

看到老板如此拼命，员工们的抱怨越来越少，工作效率彻底提高并稳定下来。再加上默多克对于工作出色的编辑和记者给予加薪，员工们更服气。

对一个公司的资金管理，主要有两方面：从外部开源、在内部节流。

裁掉一批员工之后，鲁珀特·默多克明白，节流方面他不需要再花费太多的精力了。

开源，也就是如何弄到更多的资金，这对一个公司来说更重要。它需要一个管理者的创造性的交际手腕，鲁珀特·默多克就是一个具有这种手腕的人。

此时的《新闻报》主要和澳大利亚国家银行合作，但这家银行与报业诸如墨尔本先驱报业集团和《广告人》都有业务往来，默多克最讨厌这种资源分享。

有一天，他问罗汉·里维特道："我们是否还有其他的银行可供合作呢？"里维特第二天给出了答案，他支持鲁珀特·默多克。长久合作以后，他认识到澳大利亚国家银行一直对《新闻报》存有偏见，这在贷款数额上相当明显，墨尔本先驱报业集团得到的贷款数额远远多于《新闻报》。

同时，罗汉·里维特也说出了自己的担心："毕竟澳大利亚国家银行是最有信誉的银行，我们不和他们合作，他们不会缺少对象，我们和他们合作，就得忍受——我觉得我们现在还是需要忍受一些东西的。我认为，是否应该再去澳大利亚国家银行试一下？他们如果给钱，可以缓解一下我们的局面，而且我们同时可以去别的银行寻求资金支持，如果他们不给，我们就从此和他们断交！"

鲁珀特·默多克没有说话，罗汉·里维特知道他在犹豫，于是罗汉·里维特说道："这件事情我觉得还是交给我来办为好，尽管我的职责是管理编辑记者，可毕竟我跟澳大利亚国家银行打过的交道比较多，相关的项目也熟悉一些。"

默多克感激地看了罗汉·里维特一眼，表示默许。

罗汉·里维特带回来的是坏消息：澳大利亚国家银行拒绝贷款，理由是抵押数额不足。

里维特觉得自己没有完成好任务，有些歉疚之情。但鲁珀特·默多克反而邀请了自己的老朋友来到家里做客，他对罗汉·里维特深情地说道："这没什么，我们是好朋友，就不会让我心寒，有你的支持就好，我们的一扇窗户被堵住了，可这不是结束，我们还可以自己打开一扇门！"

默多克生命中最重要的性格，也是使他能站立在报业之巅的性格就是：永不言弃，永远乐观。

资金问题暂时还没得到解决，不过，默多克不会让难题难倒，他一定能穿过荆棘，看到绿洲。

2. 银行和朋友的支持

里维特失败的第二天一大早，鲁珀特·默多克就出现在了悉尼的一家银行里。

其实，鲁珀特·默多克对此事酝酿许久了。他早就对这家银行有兴趣，原因是他们有十分优惠的政策，而且规模小利于合作。对于默多克来说，这是最合适的合作对象了。

谈判中，鲁珀特·默多克发挥了自己的交际才华。只用了几个小时，双方就愉快地达成了口头协议：保持永久的合作关系。

鲁珀特·默多克第一时间回到报社，把消息告诉罗汉·里维特。里维特差点儿蹦起来，他知道报社能熬过难关了。从此，他对默多克佩服得五体投地。

他心想：还好，这个小子没让赌博影响工作。

不过，罗汉·里维特还未发完感慨，鲁珀特·默多克就让他失望了。

这件事是由一个小员工对罗汉·里维特谈起的。

原来，那个小员工有一个朋友在另外一家报社担任编辑，报社老板喜欢赌博。有一天，他在赌场看到赌红了眼的鲁珀特·默多克，他下注极大，而且完全不管不顾。回到报社的第二天，他给手下举例子说："一个赌徒不把家产败光了是不会罢休的，还办什么报纸，简直是笑话。所以说，我们的报纸一定能战胜他们。"

《新闻报》员工的朋友随口和他说了此事，员工觉得事情有必要跟罗汉·里维特说一下，于是罗汉·里维特知道了鲁珀特·默多克周末去布罗肯小山的根本意图。在此之前，默多克总是说自己想看当地的赛马。

罗汉·里维特靠在椅子上，伤心地回想起基思，以及这么多年来，自己为报社付出的种种艰辛。他真不敢想象，假如有一次默多克输红了眼睛，是否会让大家的努力全部付诸东流。

另一方面，他觉得自己作为默多克最好的朋友，受到了欺骗，自然伤心。

罗汉·里维特本性太过善良，总是喜欢从对方的角度来考虑问题。这是他的缺点，同时也是他能交到真正的好朋友的优点。此时，他静下心来，觉得鲁珀特·默多克的压力是公司里最大的，适当去放松一下也不为过。

罗汉·里维特在椅子上坐了整整一夜，眼前的烟一支接着一支地被他抽掉。一会儿，他觉得这根本就不是问题，一会儿，他又觉得默多克马上就要毁了基思多少年来的心血。

第二天早晨，当第一缕阳光射进办公室的时候，罗汉·里维特下了决心：还是跟默多克谈一谈。

晚上，他打了一个电话给鲁珀特·默多克，热情地邀请他到家里来吃饭。

鲁珀特·默多克想也没想就同意了。下班以后，他跟罗汉·里维特一同回家，两人在路上相谈甚欢。

南希的菜做得一如既往地好，鲁珀特·默多克吃得嘴角流油。吃完饭，二人开始喝茶。默多克敏感地发现罗汉·里维特面带一种不自然的笑容，他自己则有些心虚地看着远方。

罗汉·里维特终于说话了，不过第一句话就让鲁珀特·默多克明白，今天晚上可不只是吃饭这么简单，他问道："亲爱的鲁珀特，你认为朋友之间最重要的是什么？"

鲁珀特·默多克不假思索地回答道："信任。"

罗汉·里维特接着又问道："那上级和下属之间最需要的是什么？"

鲁珀特·默多克说道："还是信任，上级和下属之间，朋友之间，最重要的都是彼此信任。"

"那你怎么定义我们之间的关系？我们彼此不信任，那我们不是朋友，也不是上级和下属吗？或者，我只能以一个打工者的身份和你交流？"罗汉·里维特从未如此痛苦。尽管他努力控制自己的情绪，但失望依然清楚地流露在脸上。

鲁珀特·默多克明白发生了什么事情，他安慰道："亲爱的罗汉，我一直和所有人都在强调，我们是朋友，而且是多年的朋友，那种不会变质的朋友。从我们在牛津认识的时候就是这样的，你和南希的家就是我的家，我一直把你们家当成我在英国的第二个家。"

罗汉·里维特开门见山："好，那么你告诉我，布罗肯小山是干什么的地方你知道吗？或者，我本来就没有资格知道？"

鲁珀特·默多克垂下头，许久没有说话，罗汉·里维特也没有说话。就在此时，两个人忽然发现，他们的心在远离，尽管两个人都不愿意承认。但是，这件事确实在发生，而且两个人也能清晰地感觉到，彼此再也回不到从前了。

南希也感到气氛有些不对，于是端着一盘水果进来，招呼两人吃，默多克说："南希，等等。"

南希转过身子，平静地看着这两个男人。

鲁珀特·默多克说："我是一个喜欢玩的人，工作之余玩一玩本来没有什么大碍，可我最大的错误就是欺骗了自己最好的朋友。罗汉，请你原谅我的疏忽大意吧！我以后不敢保证再也不赌博，可我敢保证，任何事情都不会对你隐瞒的！你比我大14岁，我父亲之所以看中你，就是因为你是一个本分可靠的人，可我欺骗了你，欺骗了一个本分可靠的人，欺骗了我的兄长，请你原谅我吧！南希，你可以为我作证吗？"

南希说："没问题，鲁珀特，我见证了你对我的丈夫罗汉·里维特的道歉，我和你一道，请罗汉·里维特原谅鲁珀特吧！"

罗汉·里维特被妻子南希逗笑了，他深情地说："基思叔叔就如同我的父亲一样，你便如同我的弟弟，我接受你的道歉。"

鲁珀特·默多克此时内心也很激动，他说："罗汉，你放心，我知道你是告诫我要注意自律，我一定能做到的！"

表面上罗汉·里维特成功地对鲁珀特·默多克进行了规劝。

鲁珀特·默多克经常开车载着里维特和自己的家人出去兜风，坐在美国豪华小轿车里面，两家人好像成了一家人。

但友谊就像一棵稚嫩的花，有些花经得住暴风雨的洗礼，而有些花不行。两人的关系出现了裂痕，随着矛盾的出现，裂痕将越扩越大。

3. 决裂

罗汉·里维特和默多克经历了上次的事件以后，维持了一段时间的相安无事。

但在两人的心中，都已经埋下了阴影。即使这样，真正的决裂到来时，仍然显得那么突然和不可预知。

决裂的具体原因，要从《新闻报》的发展说起。

在当时的澳大利亚，一份报纸若想做大，需要很多政治方面的支持。

当时，普莱福德正担任阿德莱德市长。不过，里维特和鲁珀特·默多克觉得他太独裁了，他把阿德莱德州当成了自己的小王国，而自己就是无所不可为的国王。所以，《新闻报》和他交往甚少。

另一方面，经过默多克几年时间的努力，《新闻报》已经呈现出喜人的发展势头。

罗汉·里维特和默多克都知道，如果想要进一步发展下去，政府的支持必不可少，只是两人不着急，他们在等待更好的时机。

寻觅了一段时间，鲁珀特·默多克和罗汉·里维特终于找到合适的人选，他叫唐纳德，是一个商人的后代，后来从政。

见唐纳德第一面的时候，鲁珀特·默多克和罗汉·里维特放心下来，因为对面坐着的并不是一位典型的政府人员，他浑身上下充满一种和蔼的感觉，这跟默多克那种自信的表情不同。

唐纳德的经历比较丰富，他在经济学院读完书之后成为了一名律师，这让他的交际才华更加丰富，而之后他为了从政，便需要媒体的支持，鲁珀特·默多克和罗汉·里维特以及《新闻报》的进步让唐纳德对鲁珀特和罗汉有了好感，这就是他将二人约出来的原因。

默多克和里维特跟唐纳德简单寒暄几句之后，两人交换了眼神，觉得唐纳德正是他们寻找的合适的政治人物。唐纳德说："我的祖上是经商的，我也是经商的，可我觉得祖祖辈辈经商没什么意思，更重要的是，商人被人瞧不起啊，说咱们成了钱的奴仆了，不讲义气。"

唐纳德交际技巧高超，他用"咱们"一下子就将自己和默多克与里维特的距离拉近了，仿佛他们一刹那就成了自己人一样。

默多克不等唐纳德说完就插嘴道："您真是太谦虚了，我看您是经商烦了，想做做别的事情了，当律师太容易了，您都不喜欢了。"

罗汉·里维特佩服默多克话说到了点子上，唐纳德听了默多克的话更是高兴，一是因为默多克知道自己的经历，肯定是将自己放在眼里的，二是默多克的这话是在夸赞自己。

于是唐纳德喝了口咖啡，说："不过是个商人的后代罢了，也没什么，不如鲁珀特先生，父亲给留下这么多的财产，只管经营就是了，也不必到处奔波。"

罗汉·里维特听二人的交谈，显然十分合得来，于是不再绕圈子了，说道："以先生您的威望，在工党里应该是很有前途的吧？"

唐纳德虽然满有把握，但并不想在两人面前流露出自得的情绪，连忙说："惭愧惭愧，如今我仍然处在一个边缘位置，我心中惭愧，都觉得不配跟二位新闻界的精英坐在一起呢！"

鲁珀特·默多克赶紧说道："实在是愧不敢当，唐纳德先生真是对我们这些记者客气了，跟您做事情是我们的梦想。"

唐纳德说："那么，默多克先生，里维特先生，我还真有一个小小的请求，不知道二位能不能听一下呢？"

默多克和里维特都表示愿意洗耳恭听。

唐纳德说："实不相瞒，我在工党里有竞争对手，你们知道的，搞政治就像搞战争，总不会太平的，所以为了避免被他排挤出去，我想请二位多帮我宣传宣传。"

工党内部纷争肯定是有的，可唐纳德未必到了那种地位，默多克想着，他和里维特交换了一下眼神，里维特便说道："为先生服务是我们的荣幸，我们会把这件事情办好的。"

其实，里维特和默多克都知道，这是双赢的做法。

此后，里维特和默多克跟唐纳德的关系越来越密切，他们三人经常在一起聚餐，聊一些时事政治。

默多克以为，里维特在自己和唐纳德之间就相当于一座桥梁，他感激里维特，对里维特也更加亲近。而默多克和里维特也十分讲信用，在《新闻报》专门为唐纳德开辟了一个专栏，帮助他宣传，唐纳德因此受益很大。

不过，经过长时间的接触以后，默多克敏感地发现了一个问题：唐纳德始终给人一种"交往有限度"的感觉，没有将自己的所有对二人坦白。

另一方面，唐纳德的政治见解也让默多克感到困惑。他是工党人，却经常说一些反对工党的话，可为了自己公司的发展，默多克还是将自己的疑虑按捺住了。

默多克的疑虑很快得到了证实。

在工党解散之后，默多克和里维特在《新闻报》约见了唐纳德，建议他参加工党右翼势力，唐纳德略微思考了一下，回答道："这恐怕不行，因为这里的工党基础并不是非常牢固，所以我想再考虑一下。"

唐纳德说自己再考虑一下，然后坚定地看了默多克和里维特一眼，表示自己的决定不可能更改，默多克一听就急了，他双眼通红，瞪着唐纳德说道："您说的话不是开玩笑吧？我们为您宣传了很长时间了，您却要走？"

里维特觉得默多克的话说得有点儿生硬，连忙示意他，可默多克哪里能听得进去？他怒气冲冲地问道："怎么，过河拆桥吗？"

唐纳德见气氛如此尴尬，自己也没什么好说的话了，而如果自己说多了，惹起争端来反而不利于自己的发展，便说："鲁珀特，我们都是文明人，我们以后还是朋友，可您的要求我实在难以从命，非常抱歉。"

说完，便起身离去。

鲁珀特·默多克望着他远去的背影，想到自己的报纸为他做的宣传工作，愤怒地拿起杯子，砰的一声摔在地上。

里维特赶紧拍着他的肩膀，说："没事没事，总不会所有的事情都一帆风顺，我们肯定会走出困境的。"

没想到，鲁珀特·默多克用力甩开了里维特的手，什么话都没说就走进了自己的办公室。

里维特从未想到在众人面前默多克能做出这番举动，这让他相当难堪。再说，这件事也不完全是他的责任。

于是，他便走到默多克的办公室门前，敲了敲门，正要推门进去。默多克听见有人敲门敲得急促，便骂道："滚！"

罗汉·里维特心中一惊，黯然离开。

当然，鲁珀特·默多克大约猜想得出来敲门的可能是里维特。

第二天，他询问自己的助理，助理果然回答说是罗汉·里维特。默多克在上班的时候向里维特道了歉，他表示接受。

即便如此，两人都知道，他们之间的嫌隙已经越来越深。

这时开始，默多克逐渐表现出独裁的一面。大多数情况下，他拒不接受里维特的建议，二人的关系因而有了更大的裂痕。

1958年，鲁珀特·斯图亚特被指控犯罪，《新闻报》对此进行了报道，一个叫托马斯·狄克逊的人是这个指控案件的中心人物，他说鲁珀特·斯图亚特英文不好，口述罪证无效，所以认为当事人无罪，里维特获得了这个案件的独家报道权，前面提到的独裁者普莱福德因为默多克和里维特的刁难而气急败坏，可事情就是在阿德莱德发生了，他没有办法挽回，只能想办法解脱，也正是因为这件事，他对默多克和里维特恨之入骨。

斯图亚特的案子结束了。可是，《新闻报》却被推到了风口浪尖，很多人认为，正是《新闻报》过于追求猎奇效果才使得这个案子这么久才了结，1960年，皇家检察官对《新闻报》进行了控告，称《新闻报》发表煽动性的诽谤文字，《新闻报》给予了回应，但显得太无力了，当时的舆论几乎一边倒地反对默多克的《新闻报》，默多克对此愤怒异常。

他认为，这完全是里维特的失误造成的，因为如果他不认识狄克逊，那《新闻报》就不会独家报道斯图亚特的案子，也不会被推到风口浪尖。盛怒之下，他甚至在会议中宣称，自己需要一个更稳重的人来做主编，才能给《新闻报》以希望。

终于，一天晚上，默多克抽完五根香烟以后痛下决心，他拿起稿纸给里维特写信。

他写道："罗汉，很遗憾我给你写这一封信，我觉得我们之间有一些东西是不能改变的，也是不能调和的，简单说来，我们其实并不是同一类人，那么，我们的合作是不是失去意义了呢？我需要一个真正沉稳的主编。"

信写得非常短，并且语气非常生硬，罗汉·里维特早就料到了这个结局，但他还是为鲁珀特·默多克的绝情而寒心，他辞职了，从此两个曾经亲如兄弟的人成了陌路客。

第五章　开始自己的路

1. 新的起点

在《新闻报》的历史上，有两个人是标志性人物。一位自然是刊物的创办者基思，另一位就是罗汉·里维特。他是基思·默多克亲自任命的主编，而且在基思死后，独立支撑该报业几年时间，真可谓鞠躬尽瘁，死而后已。

不过，也正因如此，鲁珀特·默多克才痛下决心，和里维特决裂。在他眼中，罗汉·里维特一直是一个传统的遗存，而要想彻底改变报纸，必须和传统决裂。所以，罗汉·里维特的离去，与其说是二人生活方式的不和，不如说是鲁珀特·默多克对未来的憧憬占了上风。

和里维特和平分手后，鲁珀特·默多克面临的第一个问题就是怎么选择一个符合自己观念的主编。在鲁珀特·默多克眼中，标准是注重实际，办事认真，听话。于是，罗恩·博兰进入了他的视线。罗恩·博兰正符合他对新主编的素质要求，他十分欣赏。

这一天，鲁珀特·默多克下班以后没有走，而是叫来罗恩·博兰，他面带和善的笑容，说道："我的好兄弟，你可知道，在这么多人中，我为什么选择你吗？"

罗恩·博兰非常认真地回答道："也许是因为我是报社的老编辑，而且办事认真吧。"

鲁珀特·默多克看着他，说道："这当然是最重要的。不过，你怎么没有想过，我最好的朋友，也是报社的最重要标志罗汉·里维特先生，这么多年我想你也应该清楚他办事同样认真，可我认为他不适合我们这个体系。"

罗恩·博兰当然不是庸碌之辈，在职场这么多年早学会了察言观色，他说："鲁珀特先生，我知道您的公司十分有潜力。不过，潜力归潜力，公司的前景如何完全取决于主管者。所以，我认为您是一个优秀的主管者，这可以让我更加充分地发挥自己的实际操作能力，我认为，在您手下工作，别的事情根本不需要考虑太多。"

鲁珀特·默多克严肃的表情丰富起来，他惬意地抽了一口雪茄。虽然说着让人舒服的话，但罗恩·博兰的表情始终是平静而严肃的。鲁珀特·默多克透过袅袅上升的烟雾看罗恩·博兰。然后站起身来，来到罗恩·博兰身边，拍着他的肩膀说道："对，你说得对。我们公司里有太多才华横溢的员工，但是显然这还不够，我们需要的是一种正确的方向，就像您说的，需要善于实际操作的人。市场，市场，我和他们说过无数遍，我们最需要的是市场，而不是才华横溢的文章。你写得再好能好过托尔斯泰么？读者喜欢的是刺激、新鲜，你得对他们的胃口。"

罗恩·博兰问道："鲁珀特先生，我想知道我们的下一步计划是什么呢？"

默多克盯着他说："我有两个计划。第一个，要改变报纸的风格，盯住市场。第二个，阿德莱德已经不能够满足我们的发展了，我要去一个更大的舞台，悉尼。"

悉尼——澳大利亚最繁华、富庶的城市，经过长期建设，此时，它正处在发展的黄金时期，经济水准比阿德莱德高出很多。城市的繁荣自然能推动新闻业的繁荣，但竞争也比阿德莱德残酷。

默多克与生俱来的竞争意识让他将目标定在这里，这也是他第一次将国际化大都市作为自己征服的目标。

默多克知道，凭自己现在的实力，还远远无法在悉尼弄出更大的动静，于是，他集中所有资金，从侧面入手，买入了一个叫坎伯兰的报业公司，想稳步前进，避开锋芒。

卟过，圈子毕竟小，这件事怎么能逃得过悉尼新闻集团的目光呢？

本来，悉尼几家报业公司想联合围剿默多克，没想到事情陡然出现转折。

当时，墨尔本先驱集团的费尔法克斯·亨德森为了扩大自己的产业，先后将《星期日镜报》和《星期日镜报》收入囊中。不过，他犯了和基思同样的错误。过快的发展导致资金不足，人才不足，出现严重亏损。此后，他打算卖掉这两份报纸。他询问了几个报业同行，没人愿意接手烂摊子。

无奈，费尔法克斯想到了刚到悉尼参与竞争的鲁珀特·默多克。一天，他来找鲁珀特·默多克。

默多克热情地欢迎了他，见亨德森比自己大十几岁，默多克便亲热地称呼其为叔叔。亨德森被热情打动，对他充满了好感，他将自己的意图说明，紧张地观察鲁珀特·默多克的神色，他想年轻人一定受不住诱惑，会跳起来惊呼。出乎他意料的是，鲁珀特·默多克没有丝毫惊讶，却开口道："五十万英镑，怎么样？"

亨德森明白眼前的年轻人是个会做生意的人，也没有继续讲价钱。

接下来，两人就购买事项达成口头协议。鲁珀特·默多克将亨德森送走后，兴奋地跳起舞来。

有了这两份报纸，鲁珀特·默多克的腰杆瞬间强硬起来。另一方面，罗恩·博兰为鲁珀特·默多克的交际技巧所折服，对他更加死心塌地。

购买完成后的一天，鲁珀特·默多克开门见山地问道："罗恩，你也觉得这笔买卖不错吧？我想我们该制订一个计划，我们下一步应该怎么管理我们的这两份报纸呢？"

罗恩·博兰想了想说道："他们办《镜报》的时候没有取得成

功，这说明这两份报纸并不容易办好。市场，市场，这是你一直强调的东西，也应该是报纸该注意的东西。所以我想，或许我们应该先了解一下悉尼人的阅读需求，搞好市场调查。"

鲁珀特·默多克脸上依旧挂着笑容："那么，罗恩·博兰先生，现在应该是你出马的时候了。"

2. 走出澳大利亚

此后一段时间，罗恩·博兰做了市场调查，结果显示：人们或许更喜欢具有高品位的作品。

于是，默多克决定制作高品位的报纸。一段时间以后，默多克的担心成为现实，报纸销量开始逐渐下滑。为什么会出现这种情况？其实说起来一点儿都不奇怪。人，毕竟是需要体面的动物。在接受采访的时候，是没有多少人愿意承认自己是低俗之人的，所以调查的结果有时候并不能反映真实情况。罗恩·博兰的调查就犯了这样的毛病。

见到报纸销量始终不见好转，鲁珀特·默多克相当恼火。

有一天晚上，他在报社待了整晚，思考为什么会出现这种情况。第二天，他终于忍不住了，通红着眼睛给编辑人员开了一个会议，他激动地说："我们的销量出现问题了，这应该归罪于谁呢？难道那些民众是罪魁祸首吗？"

看到鲁珀特·默多克如此盛怒，没人敢劝阻他的怒吼。

显然，鲁珀特·默多克是对编辑部门进行责备。过了一会儿，终于有人用低沉的声音说道："我们或许应该登一些通俗的东西。"

其实，这正是默多克想要的答案。

不过，立刻有人提出反驳："我们的风格一直是高雅的，为什么要弄一些俗不可耐的东西呢？难道我们只能在下层混吗？难道我们也要随着潮流改变自己的方针？这是对报纸的亵渎。"

鲁珀特·默多克怒不可遏地盯着他，对先前提议的那个人说："继续说，我想听一下你的意见。"

那人站起来，说："我想，我们可能忘了。首先，我们需要立足。我们可以连载小说，但也要改变一下有些小说的内容，因为大众的需求往往没有我们想的那么难以满足。"

鲁珀特·默多克赞许地看着他："好，就这么办。"

事后，鲁珀特把他叫到自己的办公室长谈，才知道他叫莱维，是报纸的新编辑。

默多克心想：哼，也只有新人才勇于做出改变。随后，他把莱维安排在一个重要岗位上，让他实践自己的想法。

过了一段时间，市民惊讶地发现：《星期日镜报》的风格变了。

内容偏向了世俗的内容，暴力色情的内容剧增。这导致了报纸内部和市民的两种讨论，一种声音认为这会毁了报纸，一种声音认为做生意就该抓住市民心理。

对赚钱而言，只要不触犯法律，结果永远比过程重要。

事实证明，报纸的销量涨幅惊人，鲁珀特·默多克此时才放了心。

几年时间，《星期日镜报》似乎成了行业标杆和模仿对象，它成了澳大利亚数一数二的大报纸。

此时，鲁珀特·默多克已经不是阿德莱德的鲁珀特·默多克，他的名声已经传遍了整个澳大利亚。

对他的评价泾渭分明。一种人竖起大拇指，说："这个人，有头脑，是一个商业奇才，短短几年时间已经达到这种程度，未来不可限量。"另一种人鄙夷地一笑，说："默多克这种人，完全是一个狂热的利益狂。以他如此低俗的办报纸的方式我就能看出来，他能有什么发展，现在的发展已经是他的上限了。"

不管别人怎么看待他，一个事实是无法改变的，鲁珀特·默多克更有钱了。

他下一步想做什么呢？他是想做澳大利亚的报纸之王吗？

鲁珀特·默多克刚刚回到澳大利亚的时候，就有了明确的目标——传媒帝国。澳大利亚，并不是他的终极目标。

除了澳大利亚，鲁珀特·默多克对英国的传媒市场也垂涎三尺。这有两方面原因，一方面跟他的第一份工作有关，另一方面英国是报业最发达的地方。

鲁珀特·默多克觉得时机已经成熟，决定到英国拼一把。

1968年，鲁珀特·默多克带着自信和资金来到英国舰队街，这里是当时英国报纸行业最为集中的地方。

踏上这块土地的一瞬间，鲁珀特·默多克想起了一件往事。当年，他在牛津上学时，一次辩论赛上对方故意刁难，问道："默多克先生，您父亲是办报纸的，您认为您这一辈子就是去卖报纸吗？"

鲁珀特·默多克从小养成的自尊心让他愤怒，他狠狠地盯着那个对手，说道："我是一个澳大利亚人，可是，我今天在这里告诉你，我会卖报纸的，不过，我卖的肯定比我父亲多，我将把英国的《星期日镜报》收购到自己的公司里！"

鲁珀特·默多克话音刚落，众人议论声四起。有人斥责说这个小伙子太狂妄，有人赞赏他的勇气。

现在，站在街头的鲁珀特·默多克想起当时的情景，心中依然有熊熊的火焰。

在冷风中，他告诉自己："我要做报纸行业的大帝。"

在鲁珀特·默多克的报业迅速膨胀的背景下，我们能够看到他的主要方式是收购。

如今，随着澳大利亚报纸的畅销，他有更多的资金来进行收购了。他想，自己如果将《星期日镜报》收购过来的话，可以说最理想了。

因为，《星期日镜报》的销量和口碑在报纸行业中都属上乘。

就在默多克按部就班地实施自己的计划时，一份更加让他动心的报纸送上门来了。

《世界新闻报》——闻名世界的报纸——当时因为经营不善需要出售。

有一天，默多克的老朋友卡托冒着夜色和大雨来到他的住处，挥舞着一份东西，嚷道："鲁珀特！猜猜吧，我给你带来什么好消息了？"

默多克见卡托如此，禁不住笑出声来："怎么，我亲爱的朋友，到底是什么事能让你这个懒鬼冒着大雨来到我这里？你的那些学生又透露给了你什么消息了？"

卡托此时已经不在大学任教，但他从前教过的学生活跃在各大媒体，给卡托提供各种消息。

"鲁珀特，《世界新闻报》要出售了。你听清楚了，是《世界新闻报》，我再说一遍，是《世界新闻报》。这对我们来说可是大好时机啊，这可远远比收购《星期日镜报》实惠多啦！"

鲁珀特·默多克听了这个消息心中一动，但并未表现得如何激动。他当然明白，卡托一定在心中对这件事进行了多方面的思考，所以才如此激动。

《世界新闻报》确实是一份难得的大报纸，可是《星期日镜报》怎么办呢？

鲁珀特·默多克微眯着眼，犹豫不决地思考着。卡托当然知道实际上默多克把眼睛瞪得大大的，他嚷道："鲁珀特，机不可失，时不再来，《世界新闻报》，你听清楚了吗？这可是千载难逢的好机会。我知道你是一个成功主义者，没有人比你更加渴望证明自己了，可是你早就证明自己了啊，况且，如果我们收购了《世界新闻报》，逐渐做大，那《星期日镜报》迟早不也是咱们口中的肉吗？"卡托有些着急了。

默多克已经在内心答应了卡托，他发出了会心的微笑。

3. 暗流涌动的谈判

鲁珀特·默多克冷静地看着激动的卡托，笑了："亲爱的顾问先生，坐下，我们先来干一杯。我想我从内心已经同意了你的看法，我们就收购《世界新闻报》！"

卡托这时候才冷静下来，考虑如何收购的事情，他说："可是，有一件事我要事先告诉你，我们收购这份报纸的把握并不大。我不得不告诉你，《世界新闻报》的主管人威廉·卡尔被马克斯韦尔差点收拾掉，现在马克斯韦尔也正在积极和威廉·卡尔交涉，所以我们要尽快行动，表现出我们的决心和诚意！"

鲁珀特·默多克说："没问题，具体沟通的事情就交给我。卡托先生，现在是发挥你的用武之地的时候了，你回去的时候不要忘掉给我具体算一下，这家报纸我们适合拿多少钱进行收购？还有，卡尔家族既然是一个伤心的家族，想必可能会有一些小小的要求来满足自己的恐惧感，我们尽量满足就是了。"

"好的，鲁珀特，祝你做个好梦。"说完，卡托说走就走，默多克知道他的脾气，也没有进行挽留。

卡托走后，鲁珀特·默多克干了一杯啤酒，上床准备睡觉。

他隐隐觉得有什么事情在困扰着自己的心思，是什么呢？跟英国有关，跟牛津有关。但是具体是什么他自己也不清楚。

他拉开窗帘，噼里啪啦的雨打在窗户上，鲁珀特·默多克将他的思绪包裹了起来。怎么回事？今天晚上，在要成功的晚上，他怎么开始回忆了？他自己也不知道。

忽然，他想起罗汉·里维特。在学生时代，他经常到里维特家中玩耍，里维特总是给他最好的笑容，最温暖的话。

接着，默多克又想起自己和一群人辩论的场景。

想起这些，默多克不自觉地笑了。

一阵雨水冲着鲁珀特打过来，他下意识地紧了紧身上的衣服。他又想到了里维特。

"罗汉，我想我们的合作还是结束的好。"自己当时为什么能说出这么残忍的话？那可是十几年的交情，而且里维特付出了多少努力，只为了基思的遗愿。

鲁珀特·默多克忽然想给里维特打一个电话，想想还是算了，里维特一定恨透自己了，他苦笑着摇摇头。

忽然，默多克什么也不想了，他披了披睡衣，走向了床，睡觉。

几天之后，鲁珀特·默多克和卡托一起来到卡尔家，因为即将卖掉自己的报纸，卡尔家里一片沉闷。默多克发挥了自己的交际才能，使局面有所缓和。

"那么，晚上我们一起吃个饭怎样？"威廉·卡尔说道。

"先生，你搞错了，应该是我们请你。"默多克说。

今天，鲁珀特·默多克特意挑了根松黄色的领带，加上真诚的笑脸，让人感觉很随和。

会餐时，威廉的儿子和堂弟，以及男士们的妻子们也来了。

鲁珀特·默多克和每一个人都亲切交谈，赞扬夫人的修养与美貌，赞扬先生们的绅士风度。

开席后，威廉·卡尔率先敬酒，他说："亲爱的默多克先生，我们开始还对您有些不放心，现在看来，纯粹是我们多虑了，我从来没见过您这样彬彬有礼的生意人！"

威廉·卡尔的妻子连连点头。

鲁珀特·默多克连忙站起来还礼，说："其实，我和英国是有缘分的。说起来话长，当年我的大学生活就是在牛津度过的，后来为了增加一点儿做生意的经验，我还在伦敦打了三年工，说起来，伦敦还是我的第二故乡呢！跟您合作是我的荣幸！"

气氛越来越融洽，仿佛是一次家庭聚会而不是在谈生意。

"那么，鲁珀特先生，您看我是一个当总经理的合适人选吗？"威廉·卡尔的侄子克利弗问道。

这句话是在试探默多克，试探他有多大的野心，以及能够收购《世界新闻报》的多少股份。

默多克没有马上回答，思考以后才说："卡尔家族的人个个都是人才，这是不用多说的，我想，我会尽力做到和您一样的位置的。"

鲁珀特·默多克要当总经理！卡尔家族的人脸色马上变了，这不符合他们的初衷，本来，他们只是想找一个合适的合伙人，没打算将管理大权交给他人。

默多克喝了一口红酒，笑着说道："先生，您是我们的董事长，这是我们的愿望，也是天经地义的事情。我会把这一项记好的。"

卡尔明显恼恼怒了，他说："那么，小兄弟，依你看，马克斯韦尔和您谁的实力更强？"

卡尔的话再明显不过了，他这是对鲁珀特·默多克老底的一次侦查，卡托和默多克怎能不知。

两人心有灵犀地一同回答："那得看哪里的了。"

这一幕缓和了气氛，大家都笑起来。

默多克继续说道："我的祖国澳大利亚是我的一块福地，我在悉尼一步步发展，最后走出了澳大利亚，我带出来的只是我资产的一部分，如果拿这一部分跟马克斯韦尔比较的话，我没有什么优势，但我在澳大利亚和英国都有资产，这应该是我比马克斯韦尔强的地方。"

"默多克先生。请你正面回答我叔叔的问题。"克利弗毫不客气地说。

鲁珀特·默多克觉得这简直是在审判，他沉着脸说道："先生，这么打断人说话，难道是绅士风度吗？"他盯着克利弗。

克利弗急忙低下头吃饭，他没有跟鲁珀特针锋相对。卡尔家族仍然步步紧逼，威廉·卡尔说："看来默多克先生未必有马克斯韦尔那么多的诚意。"

鲁珀特·默多克忽然生气了，他讽刺道："诚意？哈，既然卡尔先生认为马克斯韦尔对你们的方式是诚意的表现，那我们的合作还有什么意义呢？"

卡尔没想到默多克竟然对马克斯韦尔这么熟悉，为了保住自己的面子，卡尔说："鲁珀特先生，请您不要误会，我们的诚意在这里，不然也不会接受您的邀请的。"

"卡尔先生，我的诚意我想你一定看到了，不然我也不会和我的顾问花了几天时间才在这伦敦最好的餐馆订好位置。"鲁珀特·默多克知道，合作之前唇枪舌剑是免不了的，也只有通过了这一关，以后才能和平相处。

威廉·卡尔觉得今天的会餐到此为止最好，便起身说道："默多克先生，感谢你今天晚上的盛情款待。关于收购《世界新闻报》的事情，请您将意见列好了，下次我请客，咱们再详谈。"

鲁珀特·默多克回答说："好的，威廉爵士，我知道您是一个讲信誉的人，而且，马克斯韦尔那个魔鬼一样的人怎么配得到您的家产呢？"

卡尔和鲁珀特·默多克行礼告别，然后，卡尔家族的人走了。

"卡托，这餐馆果然名不虚传。"鲁珀特·默多克胸有成竹地看着卡托，他明显能感觉出卡托的不快和紧张。甚至应该有些抱怨默多克做事太冲动，不该得罪卡尔家族。

"哎呀，客人都走啦，默多克先生，怎么办啊！"卡托说道。

"放心吧，老兄，这才不过是第一回合。生意都这样，合作之前唇枪舌剑，看谁能压倒谁，合作之后，才能顺利。哈，卡托先生，您都不耐烦啦？放心吧，卡尔这群人肯定会和我们合作的，贵族？我看他们是纯粹的市侩，不想做出一点儿让步，净想着占便宜，哼，我偏偏不让他得逞。"

事情果然不出默多克所料，一段时间以后，卡尔家族找上门来了。

4. 《太阳报》

第一次聚餐三天后，威廉·卡尔果然如默多克所料，请他和卡托到家里吃饭，鲁珀特·默多克得意地看了看卡托说："怎么样？这回信我了吧，我说他一定会请我们的，果然来请了。"

下班后，默多克和卡托一同前往。默多克想象着这次聚餐将要谈到的内容，做到心中有数。刚到卡尔家门口，只见威廉·卡尔已经在台阶上亲自来迎接他们了。他们的脸上没有丝毫不愉快，不过，默多克明白，这次聚餐和上次一样，也是表面上平静，暗地里斗劲儿。

席间，双方依然友好。餐后，默多克把自己的意见和计划递给威廉·卡尔看，威廉·卡尔安静地看完鲁珀特·默多克的要求，用一种开玩笑的口气说道："默多克先生真是守信用，上次提到澳大利亚的资产，这次就真的写了下来，足以说明你的诚意。你提出的要求我都看到了，我还要想一想。"

鲁珀特·默多克的脸上平静如水，面带微笑。他知道这不是开始也不是结束。

卡尔继续说："默多克先生，我想我们的要求您是知道的，我还是董事长，克利弗是总经理。我们需要明确一下，您对您第一股东的身份持什么态度。"

"第一股东？卡尔先生，我没想过。但是，您身为一个爵士，不会不懂人情世故吧。上次我们谈得有点儿不愉快，我认为就是你们没有拿出足够的诚意导致的。既然你们非常想知道我的意见，那我就明白说清楚，我想当总经理，克利弗先生，你支持我当总经理吗？"鲁珀特·默多克看着他说道。

克利弗咧了咧嘴，保持着沉默。

卡尔只好出来打圆场，他笑着打断了默多克说："那么，亲爱的默多克先生，我有一个两全其美的方法，我们可以设立两个总经理的职位，您看怎么样？这样你们可以充分发挥各自的聪明才智，将我们公司的发展推到一个新的高度。"

卡尔还没说完，默多克已经抢先站起来，热情地伸出双手说："合作愉快，先生。我想您说的应该是最好的处理办法了。"

"这小子，太精明了。"卡尔握着默多克的手时想。

关于《世界新闻报》的交易就这样达成了，双方各取所需，皆大欢喜。

从这一天开始，鲁珀特·默多克在英国真正站住了脚跟，在这件事上，卡托功不可没，回到报社，两人干杯庆祝。

虽然取得了小小的成功，鲁珀特·默多克还远远不能满足。他马上将目光放到了另外的一份报纸上——《太阳报》。

在内心中，鲁珀特·默多克并没有忘掉《星期日镜报》，因为它承载了他年少时候的梦想。但是事与愿违，《星期日镜报》眼下并没有想出售的打算。

鲁珀特·默多克对卡托说："你以前也说过，搞定了《世界新闻报》，《星期日镜报》就不在话下了，现在我们有了充足的实力，可是《星期日镜报》丝毫没有出售的意思，我们又不能抢。"

卡托听他说话的口气，就知道默多克犯孩子脾气了。

他知道默多克的母亲很严厉，他不明白为什么一位严厉的母亲却让默多克保留了这么一种顽固的孩子脾气。

他本以为鲁珀特·默多克能将视线转移到新购买的报纸上，将《星期日镜报》忘掉。于是只好说："鲁珀特，不要着急。我琢磨着该是我们的迟早会是我们的，现在《星期日镜报》的盈利情况并不是很糟，在近期我们收购它是件不现实的事情。我这儿有另外的一家报纸《联合报》，你有兴趣收购吗？"

卡托的消息总是又快又准确，鲁珀特·默多克很开心。

他说："咱们试试吧。"

谢天谢地，他终于不提《星期日镜报》了，卡托心想。

但是，和上次一样，第一次打交道下来，《联合报》没有接受默多克的提议。

"该死。"鲁珀特·默多克诅咒道。

卡托把西装整理了一下，表示告辞。鲁珀特说："卡托，我这些天看我们的工人非常闲适，我们出了那么高的工资，可不是让他们来度假的，咱们的《世界新闻报》每周出一次，我觉得这是一个缺陷，你要抓紧打听，如果有日报出售，就来和我商量。"

又过了几天，卡托来了。默多克看到他得意的笑容，问道："是不是有什么好的消息了？"

"你说的一点儿都不差，据我所知，我们的老敌人马克斯韦尔已经没有足够的资金投入到《太阳报》了，这可是您的大好时机啊，您还有兴趣跟他斗一斗吗？"默多克一听到挑战两字就像在赌场中看到好牌一样兴奋。

他孩子一样嚷道："好，太棒了！我们如果收购了《太阳报》，那在英国还有谁敢瞧不起咱们呢！"他一直对自己当年说出要收购《星期日镜报》时人们爆出的那种哗然声耿耿于怀，他还是要让瞧不起自己的人认识到自己的错误。

当时，《太阳报》已经过了自己的鼎盛期，发行量不断下降。股东大会上，股东们授权董事会马上卖掉《太阳报》。只有这样，才能减少股东们的损失。

《太阳报》将要出售的消息刚一流出，马克斯韦尔立马进行了报价。他承诺，假如自己买下了《太阳报》的话，肯定会让这份报纸重新火爆起来。

董事会在听取了马克斯韦尔详细的数据分析以后，准备将《太阳报》卖给马克斯韦尔。

不过，事情远没有马克斯韦尔想象的那么容易。

当时，工会提出了反对意见。他们认为，如果按照马克斯韦尔的做法，《太阳报》此后将不注重发行量，那么几百个工作岗位就没有了，这对社会稳定非常不利。于是，他们通过政府部门驳回了他的收购请求，马克斯韦尔只好退出。

一直在观察形势的鲁珀特·默多克跟卡托商量，此时应该如何应对。两人都觉得，得到工会的支持才是最重要的，几天以后，两人宴请了工会的负责人物。

"默多克先生，从你过往的记录来看，我知道的，但我们也需要你知道我们的目标——让这个城市的穷人越少越好，让失业的人越少越好，您认为呢？"工会的人说。

默多克笑着说："各位先生应该知道，英国是我的第二故乡，牛津是我的母校，我一生中最重要的知识都是在牛津学到的，您说哪有不热爱自己故乡的人呢？您的意思我非常清楚，政府就是为百姓服务的，民生是一个社会得以发展的关键，我非常理解，所以，请您放心，如果我收购了《太阳报》，我一定不会跟马克斯韦尔一样，限制发行量，我会将这份报纸作为我的日报来发行。您知道的，我办的是周报，天知道我是多渴望有一份日报啊！"

工会的人笑着说："感谢您请我们吃饭，默多克先生，我希望我们都能记住今天我们说过的话，能够坦诚面对，这样将来才能更好地合作。"

卡托为默多克打包票，说："您就放心吧，默多克先生和我有很多年的交情，我想您是信任我的，那么，你也可以同样信任他。他从澳大利亚到咱们英国，闯荡了这么多年，靠的就是一个信字，他一定不会让您失望的！"

工会的人点点头，默多克暗自得意，这笔生意基本上已经做成了。

有了工会的支持，《太阳报》集团和默多克开始谈交易具体细则。最初，他们的报价要高出马克斯韦尔，但默多克亮出来自己的底线，和马克斯韦尔一样的价格。

最终，交易顺利达成。

交易完成后的当天晚上，默多克回到住所。从来到英国算起，才几个月时间，不过，天气已经明显寒冷了。默多克掀开帘子给自己倒了一杯咖啡，坐在屋子中又回想起往事。

"罗汉·里维特。"

鲁珀特·默多克口中念叨着老朋友的名字，现在活得好吗？默多克又想起自己用车载着两家人去兜风，那时候多么快乐。

时光就像是一把大锁，有时候能锁住人的记忆，有时候能让人忘记，钥匙就在自己内心的深处。多数时候，人并不活在回忆中，但是有时候，就算是你只是经过街边的小摊，经过曾经走过的马路，那种熟悉的感觉重新回到你的心头，那种熟悉的程度让人心里发酸。

可是，谁又能真正地活在回忆中呢？

默多克并不是一个愿意回忆的人，他也经常要避开回忆，以便让自己好好地向前看。说到底，喜欢回忆的人是对将来感到茫然的人。默多克并不是这种人，他的将来太清晰了，那里有辉煌的帝国正等着他去建设，他不能、也没有时间总是和回忆缠缠绵绵。但是，不知道为什么，这段时间，每当下起雨的时候，默多克就回想起以前，特别是和里维特的交往。细节，细节是最让人伤心的。

噢，我的老朋友，你现在在何方呢？今天晚上，我真想回到从前。

他望着外面，又回想起十几年前自己初次来到伦敦的时候伦敦的样子。不过短短十几年，伦敦已经面目全非，各种现代化设施遮没了它古老的表情。看啊，昏黄的路灯早就换成了明亮的大灯，一群蛾子在灯罩下面避雨。

鲁珀特·默多克想：我不能陷入回忆中了，我要向前看，有一份伟大的事业正在等待我。前进吧，默多克！

《太阳报》已经买下了，下一步就是怎么经营。

不久之后，酝酿成熟的鲁珀特·默多克开了第一次员工大会。

在员工大会上，他着重强调了自己的办报理念，这种理念备受抨击，然而收益良好。

他说："报纸是给大众看的，读者需要从报纸上得到更多的乐趣，至于教化，那是书籍该干的事情。新闻媒体如果不猎奇，怎么对得起观众读者？"

当然，他的办报理念受到了报社很多人的反对。但报纸的销量说明了一切，即使不高尚、不优雅，但人人都有钱赚。这才是真格的！

很快，为了节省开支，默多克做出跟当年在阿德莱德时一样的决定：裁员。

工会的人相当愤怒，他们认为鲁珀特·默多克背信弃义。当初，他们认为默多克是一个可以带来更多就业岗位的可以信赖的商人，谁想到，他却进行裁员？当工会的人找到默多克时，他说："先生，您认为我没讲信用，请不要这么盲目地下结论，您可知道为什么《太阳报》销量一天不如一天，最终被我收购吗？就是因为这里人浮于事，缺少骨干力量啊！我裁员，为的正是扩大销量，只有扩大了销量，以后才会招更多的工人，解决更多的就业问题。"

工会的人听他说的句句在理，只能说："好！默多克先生，我暂时信你一回。不过，我希望你不要让我们失望，您的报纸无论如何要盈利，你们可以做小报纸，也可以做大报纸，但一定要对社会经济有所贡献！"

说完，工会代表愤怒地拿起帽子，推开门走了出去，一股冷风吹进房间。

默多克心中暗喜：可以做小报，也可以做大报，我可以大展拳脚了。

于是，《太阳报》的风格转变了。跟在悉尼时一样，色情、暴力、笑话、明星绯闻等成为《太阳报》的特色。

即便受到各种抨击，《太阳报》的销量却扶摇直上。据统计，《太阳报》的销售量提高了将近两倍。

为了扩大影响力和销量，鲁珀特·默多克的《太阳报》对于性的披露越来越直接，他说："每份小报在得以立足之后，便开始理智地经营。只要是为了销量而实行的策略，都合乎规则。销量，就是我们的宗旨，说起我们的报纸内容，其实只是把人们不想说出来的东西说出来，并且加以说明了，我们的内容，无论是关于风流韵事，还是其他的一些挑逗性文章，起码对于人们的猎奇心理给予了满足，而且普及性学知识。"

默多克的这话在报纸行业当然会引起反感，尤其是那些文明的维护者。

在他们看来，鲁珀特·默多克是在亵渎文化。

不过，鲁珀特·默多克不为所动，一笑置之。不久，他做了一件让舆论哗然的举动，他在《太阳报》上推出了只穿内衣的"三版女郎"。

一时间，《太阳报》深陷舆论漩涡。人们简直把它当成是报纸风气的引导者，有些报纸争相模仿《太阳报》的做法，默多克更加得意了。

商人的底线是什么？他们为了钱，有什么事情是不可以做的？当鲁珀特·默多克数钱的时候，一定在偷笑。

第六章　更高的层次

1. 电视行业

电视行业出现比报纸行业晚得多，但是发展速度惊人。此时，鲁珀特·默多克旗下的报纸已经有好几份，而且销量惊人。随着计划一步一步得到实现，默多克又出现了一个新的想法，他要涉足电视行业。

还在澳大利亚的时候，鲁珀特·默多克便对电视行业产生了巨大的兴趣。如今，在英国的事业已经发展得风生水起，他想不如将自己的传媒事业再次扩张。那样，距离自己的梦想就更近了一步。

怎么才能进入这个行业呢？当然还是老办法比较合适——收购。

他和卡托谈了自己的想法，并委托他寻找合适的收购目标。

短短几周以后的一个晚上，默多克正坐在家中看电视，一阵急促的敲门声响起，不用猜，一定是卡托，只有他才这么敲门。

默多克来到门口一看，果然是他。

卡托带来了默多克想要的消息：伦敦周末电视台由于亏损严重，为了避免更大的损失，打算出售。

鲁珀特·默多克欣喜若狂，看来时机已经成熟，他只需要耐心沟通和等待就好。

不久，卡托找到电视台老板温斯托克，说明来意。

温斯托克当即表示有兴趣出售部分股份，卡托回去同默多克进行了沟通，约定了会面时间。

不过，让卡托迷惑不解的是，尽管在私下默多克表示一定要买下这家电视台，但在会面时，鲁珀特·默多克却并没有表示出更大的兴趣。

温斯托克询问为什么，鲁珀特·默多克推说自己的钱并不是很充足，需要时间考虑。

温斯托克在商场多年，经验老道，他也听说过鲁珀特·默多克不是一位好对付的主。他说："默多克先生，这就算是我请您帮忙了吧，人们都知道您的管理才华呢。"

默多克笑着答应了。

回到住处，卡托问鲁珀特·默多克，为什么明明想买，还跟他绕这么多弯子。鲁珀特·默多克回答说："两个原因。第一，跟他讨价还价。第二，让他有个心理准备，咱们并不是好欺负的，也不傻，这就足够了。有的时候，多说一两句话，并不是难事，却有很大的用处哩！"

卡托点头称是。

随后，双方进入讨价还价环节，默多克的心计再次占了上风，最终低价买入。鲁珀特·默多克成为伦敦周末电视台的一位没有行政职务的董事。

当时，伦敦电视台的盈利状况堪忧，鲁珀特·默多克从报社周转50万英镑，想让伦敦电视台起死回生。

但是，电视毕竟是陌生的领域，默多克面临严峻的挑战。

另一方面，电视台人员对鲁珀特·默多克怀有偏见，私底下，他们称呼他为"三版女郎"的创始人，这个称号明显带有歧视意味。

电视台人员担心默多克用以前办报纸的方针来办电视业务，那伦敦电视台将不堪入目。所以，针对鲁珀特·默多克想要大权独揽的意图，伦敦政府部门专门开了一个会议，决定阻止他娱乐至上的理念玷污伦敦周末电视台。

但鲁珀特·默多克并不知道这些，在他看来，周末电视台——顾名思义，就是要让人们有时间娱乐一下，这和报纸有什么区别呢？

几天之后，当他将自己的想法告诉公司董事会时，大家早已经筹划好了对策。最初，大家默不作声。默多克接着说："为了提高娱乐性，我认为周末电视台的节目表应该换一下。"

默多克话还没有说完，总经理汤姆·马格里森站起来打断了他。

汤姆已经得到政府的授意，他冷笑着说："默多克先生，我们都知道您是一个善于经营的人，但我们也知道，您的经营特色是什么。所以，我想，电视台暂时还不能接受您那娱乐至上的小报理念影响我们电视台的运作。"

鲁珀特·默多克腾地站起来，质问道："您瞧不起我的理念，好，用您的理念，全电视台的人都喝西北风去？！"

汤姆反驳说："喝西北风，也比用光屁股的女孩子讨巧光明正大！"

鲁珀特·默多克平生第一次怒不可遏，他差点儿把桌子掀翻，但是他克制住了自己，用尽量缓和的语气对董事会成员说："大家知道，我用娱乐至上的理念已经赢得了多少读者和市场。我想，娱乐的理念，同样适用于电视台。否则，人们凭什么来看我们的电视呢？如果人们不看我们的电视，我们的经营怎么能够成功呢？我没有想霸占管理者的位置，我只是提出我的意见，至于具体的策划，我从来没想过要将这电视台办得跟我的报纸一样，这是一些嫉妒的人的误解，曲解，是阴谋！"

默多克话还未说完，马格里森愤然离席，拂袖而去。他来到主管电视的政府部门，将鲁珀特·默多克的话阐述一遍。政府更加坚定排挤默多克的想法。

来到伦敦以后，默多克第一次尝到失败的滋味。这一次，他为自己的自大买单了。

不久，在政府的授意下，他被排挤出了管理层。

默多克坚信自己是独具慧眼的经营者，在传媒行业，他是最有才华的人。如今，伦敦政府排挤他，他的愤怒比挫折感来得更加深刻。

伦敦本来就多雨，失败的那天晚上，下了一整夜的雨。

默多克静静地坐在客厅中，点上一根雪茄，吐出一口口惆怅。

他扬起脑袋，痴痴地望着天空。他想起自己的成功，嘴角不经意地撇着，因为他们根本不懂市场。这些蠢货！他想，让他们喝西北风吧！

他接着想：被政府排挤出来，也未必是一件坏事情。这些年，他经历了多少风风雨雨，从未曾想过失败二字，以后，也不会失败！失败，只能证明这些人不懂行业规律。自己是伟大的行业领导者，没有理由不为这一点自信。

想到这儿，默多克的心情舒畅起来。

不过，鲁珀特·默多克高兴了没几天，发生了一件危险的事情——歹徒差点儿绑架了他的妻子，这件事促成了他事业的转移。

2. 插曲——爱情

鲁珀特·默多克在事业上进取的同时，也收获了自己的爱情。

鲁珀特·默多克的第一段恋情发生在阿德莱德，后来他回忆说："当时的我还是非常大胆的，而我的大胆很大程度上是因为我的家人都在这里，我感觉世界上最爱我的人都在我的身边，所以我特别踏实。"

他的第一任妻子布克温柔、通情达理。当时，阿德莱德还没有那么多可以消遣的地方，鲁珀特·默多克喜欢赌博，于是，和布克谈恋爱之后，泊斯便成了鲁珀特·默多克经常光顾的地方。

不久，为了方便来往此地，默多克在这个地方收购了一家报社。只要有时间，两个人便经常光顾该地。

成家以后，布克渐渐发现丈夫身上有太多自己不能接受的东西。譬如他不喜欢换衣服、不喜欢散步、不喜欢看电影等，总之一句话，丈夫是一个不会享受生活的工作狂。

有时候，布克刻意提醒丈夫：我们有好长时间没有一起看电影了，但默多克的回答是："亲爱的，我还有好多工作要做，等我有时间了一定好好陪你，做什么都行。"

而实际情况是默多克永远没有时间，甚至连睡觉的时间也没有，他每天只睡三个小时。有一次，妻子问他为什么睡这么少，默多克回答说："再多的睡觉时间对我来说就是浪费时间了。"

年轻的鲁珀特·默多克眼里只有工作，他的癖好就是跟人斗，他的幸福就是吞并。

可是，婚姻毕竟需要拿出心意来呵护，鲁珀特·默多克从来不想，也没时间想这些。

终于，结婚几年之后布克忍受不了了，她也知道默多克以事业为重是因为爱家庭，但是长久的冷漠仍然让她感觉伤心。

有一次，接连下了三天大雨，闪电在天空中划过，雷声滚滚，布克觉得自己再也忍受不了这种孤独的生活了。第二天，她来到默多克的办公室，默多克正在埋头工作。

布克开门见山道："鲁珀特，你能把手头工作放一下吗？我认为我们应该谈一下了。"

鲁珀特·默多克并没有抬头，他边翻着样刊，边对布克说道："你看，我现在正在忙着呢，能不能等我回家再说？"

布克的心瞬间冰凉，她说："我们离婚吧。"然后转身离去。

鲁珀特·默多克脑子还没反应过来，等他反应过来时，顿时呆住了。

默多克了解布克的性格，他知道无可挽回了。

当两个人在法庭上相见时，默多克也伤心万分。随后，两个人和平分割了财产，鲁珀特·默多克获得了女儿的监护权。

鲁珀特·默多克经历过第一次婚姻失败以后，终于明白人世间并不只有事业，婚姻更加重要。

离婚以后，鲁珀特·默多克搬回母亲家里。他像是一只好久没有回到家的小兽，伏在母亲的肩头，流下了眼泪。伊丽莎白已经好久没见到儿子在自己面前流泪了，她轻轻地抚摸着儿子，试图让他平静下来。

不久，鲁珀特·默多克开始了自己新的恋爱。她叫安娜，出生于工人家庭，独立、坚强、美丽。因为出身贫寒，她格外努力。

安娜16岁离开了学校，她的第一份工作竟然是在火葬场打工，不过坚强的女孩从来没有说一句苦："明天总是有希望的，我只能尽我最大的努力，将自己的能力发挥出来。"

邂逅总是美丽的，当时，安娜身为一个实习记者采访鲁珀特·默多克。面对这样一个当地的大人物，她的问题就像连珠炮似的一个接着一个，甚至有点儿咄咄逼人。

鲁珀特·默多克立刻就被她吸引住了，而安娜对于鲁珀特·默多克也是一见倾心。

在别人看来衣装不整的鲁珀特·默多克，在安娜看来却是简约的风格，这个男人就像一阵风一样，安娜被吸引住了。

二人迅速坠入了爱河，1967年，默多克开始了自己的第二段婚姻。

婚后，鲁珀特·默多克和安娜到纽约度蜜月。蜜月很愉快，这让鲁珀特·默多克夫妻对美国产生了极大好感，也为后来迁居美国奠定了基础。

鲁珀特·默多克来到英国后，安娜也迁居到此，带着他们已经出生的女儿伊丽莎白。

有一年圣诞节，默多克和妻子回澳大利亚过节。

走之前，为了给职员们提供方便，鲁珀特·默多克把私家车留在报社。

有一天，报社主任阿里克的妻子莫丽尔开着这辆车去伦敦西区购物，不料，走后就杳无音信。

阿里克急疯了，几个小时以后他意识到肯定发生什么事了，果断地报了警。

很快，他收到了一封匿名信，他打开一看，上面写着：你的妻子现在在我这里，请将一百万英镑拿出来，交换你妻子的命，不然后果自负。

阿里克意识到，歹徒想要绑架的目标是安娜，只是绑架的人质弄错了。他惊恐万端，连忙打电话给鲁珀特·默多克，默多克赶紧安慰阿里克道："亲爱的兄弟，你不要担心。听好我的话，并且照着去做。你先准备一百万做准备。另一方面，报警，歹徒想要的无非是钱，莫丽尔肯定不会有事的。"

不过，歹徒没给阿里克太多时间，当他们意识到自己抓错了人时，就将莫丽尔杀害了，然后毁尸灭迹。

一天以后，鲁珀特·默多克和安娜飞回英国。当他们来到阿里克身边时，阿里克再也没有以前的那种神采了，他遭受了人生中最为痛苦的一次打击。

安娜同样痛苦，在英国的这段背井离乡的生活中，她和莫丽尔建立了深厚的友情，而且莫丽尔是开了自己的车才被绑架的，倘若不是阴差阳错，死的该是自己。

想到这些，安娜也彻底崩溃了，鲁珀特·默多克劝她不要难过，给她做饭，给她无微不至的关怀。同时，女儿伊丽莎白也是她最大的安慰。

随着时间的流逝，安娜逐渐恢复过来。

所谓福无双至，祸不单行，不久之后又发生了一件事情。

一天，安娜开车去购物，坐在车中她有些精神恍惚，一时间仿佛又回到了上次的事情中。

这时，一个老妇人闯了红灯，再加上安娜注意力不集中，车子猛然撞上了老妇人，老妇人当场死亡。

虽然两次都不是自己的责任，但安娜痛苦万分。

安娜觉得两个女人因自己失去了生命，内疚的情绪就要压垮她了，以前乐观、开朗的女人变得越来越郁郁寡欢了，哪怕对着鲁珀特·默多克，安娜也失去了笑容。

鲁珀特·默多克觉得冥冥中似乎有一种宿命，英格兰对他来说是一次糟糕的选择。尽管自己的大学时代在这里度过，尽管自己在这里创造了辉煌的成就，但他仍然觉得他对英格兰的厌恶之情一天强似一天。

有些事情，并不是人的主观意愿所能改变的。当这些事情发生的时候，你除了坚强忍受之外，只能选择逃离。他对自己说："走吧。"

一天早晨，他对安娜说："我们离开英国。"

"去哪儿？"安娜问。

"美国。"默多克回答说。

"好。"长时间以来，安娜第一次露出笑脸。

3. 新的天地

为什么是美国？鲁珀特·默多克清楚地知道，尽管自己是一个地地道道的澳大利亚人，但是澳大利亚现在已经不适合自己了，因为这里孤立、封闭，若想建立自己的传媒帝国，是不可能的。

英国以前比较适合自己，可是，岛国封闭、自大的政府排斥外来人，这让默多克心灰意冷，再加上安娜遇到的困境，让他彻底失去了对英国的信心。现在，他向往美国，如今的世界，新闻媒体已经成了全球性的了，只有最强大的美国才能实现他的梦想。

1973年，鲁珀特·默多克和妻子安娜来到美国。

当然，这次来美国的目的主要是旅行，因为安娜需要放松。经历过失败婚姻的鲁珀特·默多克，分外珍惜自己和安娜的感情。所以，只要有可能，他都尽一切努力守护自己的爱情和家庭。

来到美国以后，鲁珀特·默多克明显能感觉到安娜心情好转。

她对默多克说："鲁珀特，英格兰那么封闭，对到来的客人也不友好，我看我们还是留在美国，或者回澳大利亚吧。"

默多克深情地望着安娜说："亲爱的，就是单单为了你，我也同意在美国发展，因为我知道你对我来说意味着什么。"

安娜幸福地笑了，脸上绽开一朵娇艳的花朵。默多克心想：她真的好久没有这么笑过了，就只为了能天天看到她的笑容，我也要留在美国。

此后，鲁珀特·默多克同卡托商量，在美国准备收购一份报纸。为此，他考察了好几家报纸的情况，最终，将视线转移到了圣安东尼奥。

圣安东尼奥宁静、安逸，市民生活节奏慢，人们对娱乐生活的渴望很强烈，但是城市娱乐设施并不齐全，这个地方让鲁珀特·默多克想起自己小时候的阿德莱德。

默多克和妻子一来到这个地方，就喜欢上了这里。经过一段时间的考察，默多克发现圣安东尼奥主要有三份比较知名的报纸——《快报》《新闻》《星期日副刊》，这三份报纸属于同一家工业公司——汉克斯报业公司。

于是旅行完了之后，鲁珀特·默多克并没有立即和安娜回到英格兰，他决定将这三份报纸都买下来，换言之，鲁珀特·默多克将要把整个汉克斯报业公司买下来。

回到英国待了不长时间，他决定买下这三份报纸，作为他将到美国生活的主业。安娜知道他的打算后，一下子高兴地睁大了眼睛："你说的是真的吗？我还以为我们还得等好长时间才能到美国生活。"

鲁珀特·默多克温柔地拥着妻子，说道："亲爱的，我不会让你感到不快乐的，你不快乐我就不快乐，那我们的生活还有什么趣味呢？我认为，这个地方应该可以给你带来更多快乐的时光。"

在报纸行业，鲁珀特·默多克的身影就像是一阵旋风，所到之处必定会引起一阵骚动。不久，他就宣布他将在美国发展事业。

报业人士持有两种不同态度，一种认为鲁珀特·默多克有杰出的才华；另一种认为他的经营手段会成为美国报纸行业的灾难。

报纸已经买下，无论是夸奖还是诋毁，鲁珀特·默多克必须坚持理念。

第一步，当然是卡托去做调查，卡托有敏锐的生意嗅觉和市场洞察力。几天以后，卡托来找鲁珀特·默多克，他说："这里的人们好像挺关心政治的。"

卡托对自己的调查结果没那么自信了，因为这毕竟不是生活了几十年的英国。

"他们的民主水平要高，不像澳大利亚，这也是我为什么选择到这里来而不是回到家乡的原因。"

"那我们是不是要在报纸上加入关于政治的内容呢？"卡托的语气有些不确定。

"嗯，让我想想。"默多克想了很长时间，最终，他依然觉得人们对政治的兴趣不可能多过对娱乐的兴趣。

"我们还是过去的办报方针。"

"鲁珀特，娱乐虽然在别的国家一直取得了辉煌的成就，不知道在这里能不能行得通？"卡托笑道。

默多克志得意满地坐在椅子上，说道："我这一招对任何人都可行。你知道为什么吗？因为人和人政见虽然不同，可是人性是一样的。不论是男人女人，大人孩子，还是老人年轻人，所有人的人性都是一样，所以，我认为，也一样如此。更何况，美国的经济这么发达，人们对我们的报纸的喜爱程度肯定会强于其他的地方。"

4. 《新闻》之后

很快，鲁珀特·默多克便开始尝试把自己的办报理念传授给新收购的报纸。

他咆哮着告诉自己的属下："可读性，是报纸唯一的生命线。我的报纸一定要有可读性。你们记住，我从澳大利亚开始取得成功，一步步走到今天，就是因为我尊重读者，尊重人性。"

遵照鲁珀特·默多克的指示，《新闻》更加注重细节了，而且以爆炸性新闻来取代以前的一些中规中矩的文章。

《新闻》的销售量飙升。

就像最初预测的，圣安东尼奥成为了鲁珀特·默多克的福地。报纸销量逐步提升以后，默多克快乐得就像是一个孩子回到了家乡，又满足又幸福。与此同时，他的妻子也逐渐习惯了这里的生活方式，重新快乐起来。

但是，对鲁珀特·默多克来说，单单只是快乐并不足够。他心中一直怀有的梦想正在逐步接近，他当然不能放弃。

一天，阳光普照，风和日丽。他从家中出来，漫步在圣安东尼奥的田野。此时，他需要想一些事情。每当这时，他就喜欢自己一个人静静地待一会儿。

城外，夕阳的余晖给小城涂抹上了一种柔和的红色。

鲁珀特·默多克点燃一根雪茄，轻轻吸一口。他想：美国，或者说至少圣安东尼奥，到现在为止，可以算是自己的福地了。

英国！最初的时候他认为那是自己的第二故乡。

叮是，那里不欢迎他这个外乡人，虽然取得了一定成功，但他始终受到排斥。与之相比，美国之旅倒是显得温馨多了，这个酷似自己家乡的小城。

下一步，应该怎么做？来美国，还是在英国继续奋斗下去？对，来美国，就这么定了。默多克想明白以后，对自己说。

鲁珀特·默多克回到家，问妻子："亲爱的，你喜欢美国吗？"

安娜根本不需要想："我喜欢这个国家，这才是真正的现代化，可是，我也很想念自己真正的家乡，澳大利亚。"

"听着，如果我们移民到这里，怎么样？不只在这里，在圣安东尼奥，我想我们可以在这里幸福地生活下去，我们可以发展自己的事业，还可以发展自己的家庭。"鲁珀特·默多克兴奋地说，

安娜说："鲁珀特，你想进军纽约？为什么呢？我们在这里待着不是过得很好吗？哦，我明白了，你是想将自己的报纸做到世界级的水平。我支持你。可是我想若要在美国定居下来，我们都得慎重，因为我们是澳大利亚人，起码，你也得跟妈妈商量一下啊。你说呢，我们的父母年纪都大了，我们总不能让他们背井离乡到这里来生活，你说对吗？"

鲁珀特·默多克笑着点点头，安娜是个慎重、顾家的人，对于家庭，她从来都比自己想得周到。

鲁珀特·默多克现在已经拥有了足够的资本，所以一旦觉得计划没有错误，他就马上实施。

他在美国纽约创办了一家全国性的报纸——《国民星报》。当然，这份报纸秉承了他的一贯风格，默多克在记者招待会上说道："我的《国民星报》不是给达官贵人看的，他们整天养尊处优，也没必要看报纸。我想说我来到美国是为了让更多的人能享受娱乐，

我的这份报纸将卖给平民。"

不过，默多克这一次倒是真的有点儿大意了。

报纸内容虽然制定得相当完美，可是在销售环节却出了大问题。因为销售渠道不顺畅，默多克新办的报纸过了一百多天才在全国范围内得到发行，鲁珀特·默多克吼叫道："你们谁能告诉我为什么会出现这种情况？这是为什么？我们办的是全国性的报纸，可哪里有全国性报纸的样子？我们的销售计划出问题了！"

没有一个人作声，办公室里静悄悄的，只有默多克咆哮的声音。

实际上，这次失误应该归咎于鲁珀特·默多克。长期的成功养成了他自高自大的性格，这一次，在任用管理人员上他没有做到精挑细选，所以从纽约往四面八方的销售环节被阻塞了。

会议结束后，所有人都回到工作岗位上去了，只有卡托毅然来到鲁珀特·默多克的办公室。

卡托建议整顿《国民星报》，鲁珀特·默多说："怎么，老兄，你也对我们的经营失去信心了吗？"

卡托毕竟和默多克有很多年的交情，所以能够直言不讳，他说："亲爱的鲁珀特，我只是觉得在适当的时候调整经营方针是每个成功者必备的素质，我们并没有失败，可是如果我们有了问题却不知道改正，那才是最可怕的。我想你一直想做个最成功的人，也一直都是，那么，你也应该直视问题，不是吗？"

鲁珀特·默多克表情痛苦，说："那么，好，我们的经营的确出现了不应有的问题。"

"不，其实在我看来，任何经营都有问题，只是大小罢了。我们的情况是正常的，美国毕竟不像英国，有我们那么多的关系网，我们在美国发展的空间还很大。我认为，我们现在需要一个宣传方面的人才，然后培养一大批善于宣传的人马，这才有可能扭转局面。"

鲁珀特·默多克罕见地被说服了，他点点头表示同意，说："你说得对，这也正是我的计划，好，卡托老兄，这个任务就交给你了，务必用你那神奇的人脉寻求一位宣传大师啊。"

卡托见鲁珀特·默多克居然能接受自己的建议，笑着说："其实，我已经有合适的人选了。他叫格拉·金，我现在还跟他保持着联系，我想，如果您写信邀请他的话，他肯定会加入我们的，他对您的管理才华早就佩服得五体投地了。"

果然，格拉·金接受了默多克的邀请，加入了报纸，并制定了详细的宣传计划。经过一段时间的宣传以后，《国民星报》的销量果然有了上升势头，并逐渐稳定下来。

同时，鲁珀特·默多克将目光对准了纽约最大的报纸之一——《纽约邮报》。早在20世纪70年代默多克到美国旅游的时候就专程去拜访过这份报纸的主管人——希夫。

不久之后，默多克又开始挥舞着手中的钞票进行收购了。

第七章　在美国的高峰期

1. 《纽约邮报》

《纽约邮报》是一份有着传奇色彩的报纸，他的创始人就是美国最杰出的政治家之一汉密尔顿。这份报纸创办于1801年，算得上最古老的报纸之一了。

《纽约邮报》一度被美国报纸行业奉为圭臬，销量一直不错。布莱恩担任总编辑期间，《纽约邮报》的风格发生了转变，进行了大众化尝试，把政治性色彩让位于平民生活。这样，《纽约邮报》虽然失去了一部分高端读者，销量却更加可观。

1918年，《纽约邮报》获得了普利策奖，这份报纸顿时在海内外声名鹊起。

1939年，多萝西·希夫接管了《纽约邮报》。

多萝西家族是美国名流，有着深厚的政治背景，也有钱。

多萝西·希夫出生在这样的家庭中，从小就接受良好的教育。养成了机敏、果决的性格。

在购买《纽约邮报》期间，多萝西家族受到罗斯福总统的支持。

1942年，多萝西·希夫对《纽约邮报》进行了一次重大改革。她把报纸改版成四开的小报纸，这不但节省了成本，而且读起来更加称手。此后一段时间，发行量大大增加。

对于报纸内容的改造，多萝西·希夫秉承了报纸发展的规则——通俗化。同时，增加了很多具有左翼倾向的观点。她认为："每个人的心中都有一个激进的魔鬼。"

鲁珀特·默多克来到美国纽约后，逐渐站稳了自己的脚跟。但是，他心中相当清楚，要想实现自己建立传媒帝国的梦想，必须要收购有影响力的大报纸。就在这时，这份报纸进入了他的视线。

鲁珀特·默多克随着事业的发展，在纽约也受到了欢迎，这个城市中的人认为：默多克是在自己的家乡、英国、美国都有公司的人，是成功者的代表。

默多克在纽约做得风生水起时，希夫已经七十多岁了。随着年龄的增长，她不可避免地失去办报纸的热情与精力，这几年，她也在暗暗谋划寻找一个接班人。

默多克在报业的朋友告诉了他希夫的情况，默多克决定抓住时机去拜访她。

鲁珀特·默多克来到希夫家中，眼前的老太太虽然上了岁数，可是眼神仍然流露出一种威严。默多克说："高贵的夫人，我知道在你的生命中这份报纸的分量。可是，我也知道您的身体最近不太好。我这次来，主要并不是来跟您谈报纸的事情，而是来看望一个报纸行业的老前辈的。另一方面，我听说您一直想找一个非常可靠的接班人。请您不要对我持有偏见，认为我是一个外国人。"

"哦，不，不，亲爱的默多克，我不是这个意思，我的年纪越来越大了，可是我并没有失去管理的能力，不是吗？老实说，你的名声我早已经听说了，我非常欣赏你的管理才华，而且你过去的成功已经说明你足以胜任做我的接班人。只是，我现在还没有退休的意思，等到了那一天，我会认真考虑你的。"

多萝西·希夫话说得很客气，但已经暗暗将鲁珀特·默多克拒绝了。

鲁珀特·默多克当然明白，他说："太太，好吧，请恕我冒昧了。"

默多克知道多萝西精明至极，这一次，绝不能冒进，只能一步步来。

默多克的脑海里计划已经形成，在商场里的打拼让他明白：第一，对于傲慢的人，应该以感情来打动。第二，就是要有耐心。

半个月之后，多萝西感觉鲁珀特·默多克已经不会再找她了，她正在暗自庆幸，因为她听说过默多克的性格——不达目的不罢休。

这一天，她忽然接到一封默多克的信。

信上根本不谈事业，只是邀请她到家里吃饭，多萝西顿时对鲁珀特·默多克生出了不小的好感，于是决定赴宴。

晚上，多萝西来到鲁珀特·默多克家。刚一下车，就见默多克和他的妻子已经在门口等候了。

见到她下车，默多克连忙走上前去搀扶，道："尊敬的太太，我真没想到您是一个这么守时的人。说实话，您让我想起了我的母亲伊丽莎白，她干什么事情都是那么的认真。"

鲁珀特·默多克的话让多萝西很开心，她回答说："我相信，每一个客户都是潜在的朋友，你说呢？"

默多克连忙称是，接着默多克向她介绍自己的妻子安娜。两人热情拥抱。

多萝西赞美了安娜和默多克，她称默多克是有人性的生意人，因为安娜和默多克让她有回家的感觉。

她问："安娜，你真是一个灵巧的孩子，如果我没猜错，你对文字一定有非常好的感受力。"

鲁珀特·默多克叫道："哈哈，我的太太，您看人一看一个准啊。安娜是一位业余的作家，如果不嫌弃的话，我可以让安娜给您写一篇文章登在我们的报纸上，那样，我的报纸真是蓬荜生辉了。"

安娜受到赞美，开心地笑了。多萝西露出慈祥的笑容，她笑着对安娜说道："鲁珀特真是一个乖巧的男人，不放过任何讨好你的机会，我好久没有这么开心过了。"

不一会儿，安娜招呼大家吃饭。

鲁珀特·默多克请多萝西上座，他和安娜还有卡托坐在旁边。多萝西罕见地喝了点酒，鲁珀特·默多克对多萝西说道："太太，你知道为什么我说您像我的母亲吗？"

多萝西说道："不知道啊，我倒是真想看看你母亲，我想有这样出色的儿子，母亲一定差不了。"

默多克哈哈大笑，问安娜："你知道吗？亲爱的？"

安娜摇头，默多克说："太太，您知道您和我母亲最紧密的联系是什么吗？当然，您的善良、仁慈和说话的方式都像。可是还有一点巧合呢，你们都是3月11日生的啊！瞧瞧，这是多么美妙的巧合啊！"

多萝西稍微有些吃惊，她说："鲁珀特可真是用心良苦呢，连我的生日都打听出来了。"

多萝西半认真半开玩笑似的说道："小伙子，你真的很用心，可是，这可不代表我能将公司转让给你噢！"

鲁珀特说："太太，选择接班人是您自己的事情。今天我们不谈生意，只要您能把我当成朋友，我就很开心了。至于接班人，我想都没想。"

卡托也说："今天请太太来，可不是为了谈生意。谁都知道太太是报界的泰斗，谁不想瞻仰。"

安娜坐在边上一直不作声，只是笑吟吟地看着他们说话。

多萝西眼睛里全是光彩。

鲁珀特·默多克站起来举杯："来来来，今天就不谈生意了，咱们为多萝西太太的健康干一杯！"

吃完饭，多萝西·希夫被鲁珀特·默多克送走了。

临走时，默多克亲热地拥抱了她，卡托和安娜也拥抱了她。

鲁珀特·默多克回到家中说："咱们已经走出了最重要的一步。"

"为什么？我们可没把最关键的问题——报价跟希夫说呀，老兄，我觉得在某种程度上我们错过了一个大好时机。这位老太太可不是那么好邀请的，你今天为什么不抓住机会呢？"卡托说。

鲁珀特·默多克笑着对卡托说道："哈哈，你太着急了，哥们儿，我是故意不跟她谈的，对于这种做生意做成精的人，我们最好的办法就是讨她的欢心，然后一步步地来，欲速则不达，没人逼得了她。"

安娜对鲁珀特·默多克的说法表示赞同。

等待的时间并没有太长。不久，多萝西·希夫的报纸开始亏损，而且状态越来越严重了，多萝西寝食难安。她知道，她现在心有余而力不足，没有力量化解危机了，只能痛苦地看着自己的资金一天天、一秒秒地变得越来越少。

所谓屋漏偏逢连阴雨，几天之后，律师告诉希夫，根据新的法律，她的孩子们将不能继承她的报纸。

多萝西找人去跟政府谈判，但此时她和她的家族的影响力已经衰弱，政府没有优待。

一时，多萝西愁眉不展。就在这时，又一个令她感到崩溃的消息传来。

因为经济不景气，工会组织了各行各业的大罢工。

消息传来，多萝西病倒了。无奈，她只能带病找人谈判，给工人发放福利，稳住他们。

一个月之后，严峻的形势依旧没有改变。

多萝西终于明白，自己再也没精力继续经营这个公司了。她躺在床上回想了一整天，想起很多的往事。在最初接手公司的时候，受的折磨，后来，在自己的努力下，报纸一步步稳步提升，终于取得了辉煌的成绩。后来，竞争者越来越多，报纸的发展情况越来越差。第二天一早，她找来总经理，对他说："去联系豪斯，这应该是我们最后的一根稻草了，谈判的时候语气要温和些，我们没有以前的实力了。"

总经理去了。等待的时间对多萝西是种煎熬。一天之后，总经理带回消息，豪斯没有足够的诚意，双方的出价相差太悬殊。

豪斯大言不惭地说："没有我的帮助，你们将会灭亡的，你们是一个没有什么希望的企业，你们的痼疾是难以治愈的，所以，我非常建议你们按我说的做。"

多萝西听完后，眯起眼睛，好像要下一番决心。等她睁开眼睛的时候，她说："杰克，去找默多克来。我们一起去过他家吃饭，我喜欢这个小伙子的诚意和对人的细心，所以，我们应该选择他！"

杰克是那次跟着多萝西去鲁珀特·默多克家吃饭的助手，他早就希望希夫这么做了。听多萝西这么说，他知道她一定是下了决心，因为之前她一直不想将自己的产业卖给外国人。于是，他连忙去办。

杰克刚要走，希夫说："去约鲁珀特·默多克先生明天来家吃午餐吧，我们也要做得有礼貌。啊，请他带着自己的太太！"

杰克愉快地去了。

第二天，鲁珀特·默多克、安娜和卡托准时赴约。

杰克用轮椅推着希夫出来迎接，鲁珀特·默多克一看，赶紧快走几步，来到多萝西身边说："多萝西太太，您怎么亲自出来了。"

多萝西笑着说道："是我没礼数，白让你请了客，却没有和你们谈生意，安娜，你说对不对？"

安娜笑着说："尊敬的太太，咱们是朋友，生意是其次。您不知道，一接到您的邀请，默多克就兴奋得不行，他说，自从上次见到您，就忘不了您的形象。"

大家来到房间坐好，多萝西说："为了表达我的歉意和诚意，我们谈完生意再吃饭。"

卡托马上将准备好的谈判表给多萝西看。但默多克阻止了他，说道："这件事不忙，没看见太太有病吗？"

默多克这么一说，多萝西心中更是涌起一股暖流。

多萝西将谈判表拿过来，说道："你，鲁珀特·默多克是我所合作过的人当中最注重细节的人，这是我见过的最完善的谈判书，我没有什么意见。"

希夫让杰克也将自己公司的谈判书拿出来，默多克看了一眼，说："多萝西太太，只要您不认为我们是趁火打劫，我们现在就可以签协议书。"

多萝西说："先吃饭，再说。"于是，大家进餐。

吃完饭，双方就细节问题谈了一下，便定了下来。

2.《纽约》杂志易主

鲁珀特·默多克在生意场上摸爬滚打多年，收购了很多家报纸和电视台，然而，《纽约邮报》对于他来说，是一个例外。

前面大多数收购，默多克都凭借人脉和强大的资金优势，让对方臣服于自己。但是这一次并不是这样，这是他靠"关系"获得成功的一个典型案例。

鲁珀特·默多克，算得上是真正会做生意的人了，也可以算得上是一个充满着神奇色彩和魅力的人。

收购完《纽约邮报》以后，现在的鲁珀特·默多克的目标只有一个：做得更好。他亲自操刀，对这份报纸进行了大刀阔斧的改革，将这份报纸通俗化的性质加以发挥。

效果相当明显，不久之后，《纽约邮报》的销量和其他报纸一样，得到飞速提升。

自从正式接管了《纽约邮报》，默多克才真正式成了新闻界的巨头，他开始成为风云人物。

但是，对默多克飓风般的存在，人们的评价不一。有的报业同行称呼他是"新闻界的魔鬼"。之所以叫他魔鬼，是因为默多克在管理方面的强势表现，他不允许别人改变自己的主张，总是一意孤行。但是因为他有过人的眼光和执行力，所以他的决策往往都能成功，这正是魔鬼的典型做派。

另外一些美国报纸则称他为"新一代的报业巨头"。之所以称巨头，原因再明显不过了，因为默多克此时已经拥有了不只一家报纸，还有自己的电视台。在这样雄厚的资本面前，人们只能称呼他巨头。这是一种至高无上的尊称，带有仰视的色彩。此时的默多克，确实也可以称之为巨头了。可以说，此时的默多克才真正地向自己梦想中的帝国迈进了一大步。他有时也想，也许不久就可以实现自己的梦想了。

当然，比起《时代周刊》和《新闻周刊》将他作为封面人物，其他的称赞都显得微不足道。

当这个消息传来的时候，鲁珀特·默多克正在家里种花，他刚刚听完消息，便一溜小跑来到安娜身边，说："亲爱的，看来我们做的是对的，英国并不适合我们。美国，只有美国，才是我建立帝国最佳的地方。"

安娜此时也万分激动地拥抱了默多克，说："亲爱的鲁珀特，你可知道，这两份期刊以你做封面是怎样的殊荣？"

"不知道啊。但是我知道的是不只是商业人士，就连很多国家的元首为了增强自己的影响力，还求这份期刊登上自己的头像呢。可是，咱们可没求他们不是，这下子，我在美国可真的算得上是风云人物了。你一定相当得意做一个风云人物的太太，可不许翘尾巴。"鲁珀特·默多克调侃道。

在鲁珀特·默多克做封面的这一期中，《时代周刊》设计了一只非常恐怖的金刚，它庞大的身躯骑在曼哈顿摩天大楼的屋顶上。金刚的头就是默多克的脑袋。

设计既形象又出彩，出色地描绘了默多克给人的印象，也让人知道，有一个澳大利亚人来到纽约了，他震惊了纽约城。

杂志里面，则全面描述了传媒之王——鲁珀特·默多克在美国发展的经历。

鲁珀特·默多克，美国人第一次正式注意这个名字。从此，这个名字将不只是活在新闻媒体心目中，也会活在普通大众的生活中，人们甚至拿他的名字作为谈资，以显示自己并不孤陋寡闻。

美国，不愧是冒险者的天堂。在这里，所有有能力的人都找到了各自的位置。

对默多克来说，在美国取得这样的成就是他最初没想到的。

鲁珀特·默多克登上封面的当天晚上，他梦见了自己的父亲——基思·默多克。

基思亲热地抚摸着鲁珀特·默多克的脑袋，久久不说话，但眼神慈爱至极。

鲁珀特·默多克既开心又伤心，他喊："爸爸，爸爸，我收购了《纽约邮报》了，我现在在美国站住脚啦，你高兴吗？"

基思好像是听到了，又好像什么也没听见。他眼中看着默多克，可是好像已经想到了其他事情。

随后，他变得越来越模糊，渐渐远去。

鲁珀特·默多克哭喊起来，想要追上去……

"鲁珀特，醒醒。"默多克隐约听到有人叫自己。

睁开眼，他看见一张楚楚动人的脸，是安娜。

她关切地问："怎么了，是不是做噩梦了？"

"安娜，没什么。我梦到爸爸了。他那么慈爱地看着我，我跟他说我已经收购了很多报纸，在美国也站稳脚跟了。可是他只是慈爱地看着我，什么也没说，就消失了。"鲁珀特·默多克叹了口气，说道。

第二天，鲁珀特·默多克想为什么会做这样的一个梦？他想起父亲在早年的付出，以及自己对父亲的梦想的延续。他暗暗说道，"爸爸，您在天堂保佑我吧，儿子一定会有更大的事业的！"

以默多克为封面的杂志同时还附有他的介绍，其实，报道者对默多克的了解还不够全面。他们只是将鲁珀特·默多克描述为一个报业大亨，却不知道，他的目光同时也对准了其他很多行业。

默多克的风格从未改变。收购、做好，收购，做好，循环往复下去。

在圣安东尼奥，他准备收购《纽约邮报》；现在收购完成，他迅速对准了下一个目标——《纽约》杂志。

这段时间，默多克接待了许多采访者，其中一位记者问他："您的眼睛里好像永远没有满足二字，我想这是因为您是一个有梦想的人，对吗？"

鲁珀特·默多克听了这句恭维的话非常开心，说："我的父亲曾经是一位记者，可是最后他成为了报纸行业的老板。"

记者笑了，说："听到您这样的大人物鼓励我，我感到莫名的激动和感激。"

在纽约，报业同行在谈论鲁珀特·默多克的同时，对于他下一步的行动也充满了期待和好奇，不知道这位金刚又会做出什么让他们感到震惊的举动来。

谁也不会料到默多克的下一步计划，因为他在行动之前总是静悄悄的，就像是一只等待捕猎的豹子。

说起《纽约》杂志，人们首先想到的就是一位大名鼎鼎的传媒界人物——克雷·费尔克。

克雷·费尔克毕业于杜克大学，毕业之后他做了几年编辑，便在家族的支持下，创办了《纽约》杂志。

鲁珀特·默多克和费尔克努力的方向不一样，默多克致力于报纸行业，费尔克主要精力在杂志和电视行业。

费尔克创办了《纽约》杂志以后，充分运用自己的人脉和能力，注重杂志风格的创新，杂志效益相当不错。

默多克在谨慎选择了几家杂志以后，将目标锁定在它身上，因为他太喜欢这份杂志的风格了。

默多克决定以后，给费尔克写了一份热情洋溢的信，委婉地表达了收购意图，费尔克对默多克的信表示愤慨和不可思议，他想：他怎么想的？为什么要写这么奇怪的一封信？他以为我们是《纽约邮报》，处在破产的边缘吗？他以为我已经七十多岁了吗？太荒唐了！

费尔克给默多克回信，坦白地表露了自己的看法，并且坚决地否决了鲁珀特·默多克的建议。

鲁珀特·默多克当然知道生意场上的事情急不得，需要时间和诚意来打动对方。他再次给费尔克写了一封信："我的兄弟，请允许我这么称呼你，我想我上次的信并没有让你看到我的诚意，这封信我会让你看到：如果可以，我准备以每股5美元的价格购买目前报价2美元的股票。并且，我会将我手中的杂志里面的《西部新闻》拿出来。"

费尔克早就听说过鲁珀特·默多克的风格——死缠烂打加上利益诱惑。

即便如此，他仍然坚持自己的原则，再一次答复默多克自己不卖这份杂志。

当回信来到默多克手中的时候，默多克得意地对助手说道："我早就跟你说过吧，看到实际情况了吗？费尔克的语气已经不是那么强硬了，我相信我们还有机会，只要我们肯去寻找。"

不久之后，默多克找到一个机会，他拜访了《华盛顿邮报》的老板凯瑟琳·格雷厄姆。见面以后，双方建立了良好的交情，后来，默多克让他帮助自己说服费尔克，他答应了下来。

费尔克尽管一直坚持着，最终也动摇了自己的信念。最后决定将《纽约》杂志卖给鲁珀特·默多克。

收购完成后，默多克出人意料地得意扬扬。他说："我早说过，对生意来说，诚意最重要。我也说过，费尔克并不是一个固执的人，只要坚持跟他讲，我一定会胜利。结果证明，我们赢了，我们的决策是正确的。"

费尔克卖掉杂志后，意志消沉、颓唐。媒体采访时，他说：

"我不知该怎样表达自己的心情，老实说，《纽约》是我办的第一份杂志，而《纽约》的工作人员早就像是一家人，我们一起工作，一起经历了那么多。鲁珀特·默多克是一个非常善于谋划的人，我只能说，他和我不是一类人，可是他还是将我们的这个家庭拆散了。"

事情正如费尔克所料，《纽约》杂志就像是一个大家庭，而他才是家长。所有的员工，就像是这个大家庭中的孩子，离开了家长以后茫然失措。

鲁珀特·默多克收购完成后第一天谋划下一期的内容时，忽然发现杂志社里根本没有编辑工作。最终，默多克将《纽约邮报》的编辑调过来，才勉强将这一期杂志出版了。

默多克随后给《纽约》杂志的工作人员开会，在会议上，他一点儿没有愤怒，即便出了这么严重的事情，他依然平静地说："我们这里的人，有老员工，有新员工，可无论是老是幼，我认为，既然我们一起站在这里，那就已经是同事了，同事应该互相关怀，而不是相互排斥，我认为，一个企业的经营策略的成功，完全是靠着企业内部的团结的。"

默多克话还未说完，有人哼了一声。默多克忍住怒气。

会后，默多克得知在会上瞧不起自己的人居然是主编安娜·帕特里奇，于是写信通知她离开这个公司。帕特里奇居然纠结了一帮老员工，向鲁珀特·默多克示威，表示他不是这里受欢迎的人。

默多克怒不可遏，他嚷道："这是我的公司，我买来的！谁敢说一个不字就让他滚蛋！"

助手玛丽劝说默多克平静下来，并且说："我们现在正处在草创阶段，如果公司失去了能干的员工，无疑是最大的损失。"

关键时候，默多克多年经商的磨炼起了作用，他克制住了自己。于是，帕特里奇没有被开除。可是，这件事一直被默多克记在心里，作为一个媒体帝国的皇帝，他是绝不会允许有人这样对待自己的，当《纽约》杂志重新盈利后，默多克开除了帕特里奇。

"成为世界传媒行业的霸主，这就是默多克的理想。为了这个目的，他会不择手段，不论付出什么。"他的媒体同行说。

鲁珀特·默多克前进的路不会平坦，但无论荆棘遍地或者前面是万丈深渊，他都会选择前进。

3. 重挫

世界上任何事物的发展都带有一定的不确定性，正当鲁珀特·默多克的事业发展到如日中天的时候，一次意外事件几乎毁了默多克。这次事件，无论从规模上还是从效果上，都堪称是默多克的滑铁卢。

这次事件的源头还得从《纽约邮报》的经营说起。

此时的鲁珀特·默多克，尽管已经建立了自己的媒体帝国，但仍然有很多人认为他是新闻界的蠹虫，侵蚀了人们的伦理道德观。俗话说：树大招风。默多克的名声越大，受到的攻击和非议就越多。

《纽约邮报》是一份比较通俗的英语报纸，默多克收购之后，却要将它办成"为中产阶级的犹太人办的报纸"。

自从制定了办报方针，默多克的《纽约邮报》的影响力就远远超出了美国范围。

据统计，在短短一年以后，意大利和爱尔兰等国家的很多批发商都要来订这份报纸。

无疑，这对默多克来说是一个鼓舞，他信心满满地准备迎接新的挑战。

收购完成后一段时间，默多克将所有的责任都放在自己的肩头，他将报纸的业务基本都包揽在自己一个人的身上，像一个独裁者一样。

"这是一份个人的报纸，看这份报纸就像默多克在你的耳边喋喋不休地说一些事情。"有人这么评价这份报纸。

当时，因为《纽约邮报》里面插不进去多少广告，这一部分收入就变得少得可怜，默多克根据报纸的发行情况，改头换面，大肆宣传具有猎奇意味的事件。

在犯罪事件的报道上，这份报纸也煞费苦心。1976年7月29日，一个女孩在自己家的门前被人开枪打死，默多克将这个事件列为每日观察的素材。果然，凶手并没有就此罢手。第二年，这个凶手又杀了好几个人，让警方非常苦恼，人们将这个人称为"萨姆小子"。

具有新闻嗅觉的管理者肯定不只鲁珀特·默多克一个人，当时《每日新闻》已经对这个事件开始了专栏报道，鲁珀特·默多克不甘示弱，他命令自己的得力助手邓利维负责对该事件进行连续报道。

具有新闻价值的素材可不是每天都有，你要从多个角度解读。比如当今犯罪率飙升啦、跟当地警察的懈怠有什么间接关系啦，比如对于公民持有枪支的评论啦等等。

默多克提醒自己的助手。

邓利维于是全身心投入到这个事件的报道中去了，《纽约邮报》的噱头也变得有针对性。

八月，一个凶手落网，人们认为这是"萨姆小子"，《纽约邮报》抓住这次机会，大肆渲染，当天报纸就卖了一百万份。

默多克继续利用这一素材，刊登了凶手的一封信，没有提到他的杀人经历。可是，默多克的这次报道失误了。

失误仿佛是一种象征，从这次失误开始。《纽约邮报》的经营开始走下坡路，针对报纸广告收入不够的情况，默多克的努力随着时间的流逝开始失去效力。

原来的经营情况是，当默多克在报纸上加上些非常有争议的内容之后，报纸的销量基本就定下来，报纸的经营也变得稳定，可是在《纽约邮报》上，这些手段失效了。

当时，默多克为了扩大经营，将纽约的"5频道"电视台买了下来。这在当时与政府的规定不符，因为政府不想让商人控制某个地区甚至某几个地区的舆论，而默多克凭着自己灵活的手腕，在规定的空隙游走，没有遵守这一规定，政府找他谈过，最终事情搁置下来。可是现在默多克的经营遇到了不好解决的问题，政府的压力又一次施加到默多克的身上。

不久，政府部门派出一位专门管理报纸行业的官员，找到了默多克。

这是一位瘦高的小伙子，他对默多克说道："先生，我非常佩服您的经营才华，您是我的偶像之一，也是海外商人的模范代表，可是，报纸毕竟不是私家日记，不可以不考虑内容，老实说，这也正是我们政府里有很多人对您产生意见的原因。"

默多克回答说："我从来不少缴纳一分钱的税，而且，我的公司给纽约带来多少就业的岗位，我认为你们肯定也心中有数，我的报纸也是非常受欢迎的。"

默多克的话被瘦高个子打断了，他激动地说："我们赞赏您的经营才华。我已经说过了，《纽约邮报》是一份濒临倒闭的报纸，是您让它起死回生了，老实说，我们都认为这不可思议。可是，我们也并不缺少这方面的人才，而他们也会给国家带来就业岗位的，当然，我们也并不是否定您的贡献，我们对有能力的人还是非常欢迎的。"

鲁珀特·默多克从未如此被人逼问过，当即怒不可遏，说："那么，老兄，我可不可以这么认为，你们的意思是随时可以找到替代我的人，而我是一个不知天高地厚的人？报纸的内容有问题？这不是借口，不是排挤我的理由，要知道，在美国，有千万家报纸，都在登载和我们的报纸一样的内容，难道你们会一家一家地去说服他们，卖掉自己的报纸吗？"

"哦，不不，默多克先生您不要误会。"

"对，小伙子，我不会误会的，我知道你们的真实意图。美国是一块自由者的乐土，这话不知道是谁说的，我是相信这句话的，可现在你们让我非常失望。我的确是买下了'5频道'电视台，可我已经提交了搁置请求，政府也同意了，不是吗？我们两全其美，谁都不伤害谁，我照样向政府交纳巨额的税款。"

"默多克先生，我想提醒您的是，美国政府已经给了您太多时间了。现在《纽约邮报》的经营也大不如从前了，我们中间的确有很多对您印象不错的人，可是您知道的，在这个民主的国家，政府内部总是分为很多派别，我们对您进行了搁置规定，这是合众国历史上从未出现过的情况。我们对您的待遇还是非常优厚的，您认为呢？"

"老兄，你们的眼里只有税款了吧。我非常明确地告诉你，总有一天，我要让这里的人求我留下。请吧！我很忙，我要开会了，谢谢你的拜访和带来的消息。"

小伙子见鲁珀特·默多克抵触情绪如此强烈，便不再说话，走了出去。

4. 噩梦下的温情

鲁珀特·默多克阴沉着脸走出自己的办公室，员工们只看到一位政府官员走进了办公室，谁也不知道发生了什么，所以无人插言，一片静悄悄的。

默多克谁都不看，埋着头，紧紧闭住双唇，一步、两步、三步，终于走到公司的大门口了，他右手拉住门把手，慢慢打开门。正当大家都偷偷地看默多克的下一步举动时，他忽然回头看了大家一眼，员工们迅速低头忙手里的活。

然后，鲁珀特·默多克轻快地走下了台阶，消失了。

"回家。"默多克紧闭双眼，司机赶紧发动轿车。

轿车在纽约大街上轻快地行进，默多克仿佛在仔细聆听发动机的声音。

过了一会儿，他侧过脑袋，只见阳光透过一幢幢高楼大厦照在轿车的窗户上，夏天早就已经过去，所以太阳光不是那么耀眼，轿车慢慢行驶，阳光便一道一道，有规律地打在鲁珀特·默多克的脸上。

"安娜，我回来了。"

默多克嚷着。奇怪，居然没人回答。

他快步走进房间，忽然看到桌子上摆着一个硕大的蛋糕，而安娜笑吟吟地站在一边，等候着默多克。默多克冰冷的心刹那间融化了，他仿佛被冻僵了的脸上现出了久违的温和的笑容。

"哦，怎么，怎么，今天是我的生日吗？"

安娜微笑着说："还有一样东西要给你看。"

说完，从蛋糕下面抽出一封信件。

默多克打开信一看，原来是妈妈的来信，默多克感动得差点儿哭出来。在梦到基思的那一个晚上，他还梦见了自己的妈妈，妈妈也老了，她的脸上已经不是那种年轻女人特有的美丽了，而自己再也回不到妈妈骂自己的时候了！默多克这个硬汉，忽然想家了。

信里面附上了一张相片，上面是妈妈和姐姐，她们朝着自己温暖地笑着，默多克看了看相片的背面，上面写着两句话，一句是妈妈的话："很高兴你成为一个英雄，我希望你一直是一位英雄。"另外的一句话是姐姐海伦的："我们知道你会成为比父亲更加出色的人，现在我们见证了，所以，我们为你骄傲。"

默多克再次热泪盈眶，不过他极力止住泪水，笑着对安娜说道："我就知道你们会一直陪着我。"

安娜拍着默多克的背，柔声说道："亲爱的，我知道关于《纽约邮报》的事情，这真的没什么。我们可以离开英格兰，也照样可以离开美利坚合众国，我们的故乡在澳大利亚，那儿永远不会拒绝我们的。"

默多克心情激动，他握着安娜的手说道："你说得对，可是，相信我，我不会给美国驱逐我们的机会的，这次是他们对我们做的最绝情的事情，我发誓，他们以后绝对不敢再这样对我们！"

从收购《纽约邮报》的第一天开始，默多克就将自己的大部分热情倾注在这份报纸上。

因为，这是鲁珀特·默多克在美国的第一笔资产，也是他认为建立自己媒体帝国必不可少的一份报纸。

借由这份报纸，鲁珀特·默多克得以进入了美国新闻传媒的上层圈子，认识了很多有用的人。

甚至，通过这份报纸，他与美国的政界人物也建立了良好的交情，可以想象，默多克在得知自己必将失去这份报纸的时候该有多么伤心。

"他就像是一个在用沙子堆城堡的孩子，在就要成功的一刹那被无情的人们踢倒了，他欲哭无泪。"安娜日后提到这件事的时候这样说道。

可是默多克总是干一些让人不可思议的事情，在《纽约邮报》的拍卖问题上便是一例，他做到了一个经营者最强的坚守，为了拖延时间，他拒绝了一个又一个的来访者。

最后，政府向他施压，他知道自己无力抵抗，同一个叫卡里科夫的人签订了协议。

默多克卖出了自己的报纸，一时间全美国都在谈论这件事情，有的人说这是默多克宣传不良内容的"后果"，是恶有恶报，有的人认为默多克的失败源自他自己的刚愎自用，当然，更多的人对于默多克的失败持有同情心理，在商场上，谁都不知道自己是第几个牺牲者。

可是这次失败并没有让默多克消沉，几年后，卡里科夫的公司破产了，《纽约邮报》也处于亏损的状态。

当时，除了默多克没人敢过问这份报纸的价格，因为大家都知道，那将是极其昂贵的价格，默多克表达了自己重新收购的想法。在他心里，一直有一雪前耻的想法，政府跟默多克沟通了之后，仍然面临着两难的境况。

一方面，默多克要求自己成为享受特殊待遇的商人，在美国可以同时经营报纸与电视台；另一方面，美国政府对于善于控制舆论的商人是不信任的。

双方相持不下，鲁珀特·默多克发出了最后的通牒，三天之后，政府如果不给自己消息，就不买这份报纸了。

"那就让喜欢控制它，并且能够控制得了的人去购买吧，政府有的是税款。"鲁珀特·默多克放出话去。

在多方权衡之下，政府对鲁珀特·默多克让步了，州政府向联邦法院说明了情况，请求鲁珀特·默多克享受破例经营的特权。最终，默多克重新买回了自己的报纸，在接受采访时，他兴奋地对媒体表示："这就是我和这份报纸的缘分。我不知道前面的道路还有多长，但我想要的东西，我都会竭尽全力争取的。"

鲁珀特·默多克让世界见识了他的雄心。

第八章　触摸政治

1. 投机前的准备

20世纪80年代，美国、英国还有苏联几个大国中，美国的优势地位也越来越明确，所以默多克为自己当初的选择充满着自豪。

他在经营着自己的《纽约邮报》和《纽约》杂志的同时，积极寻找机会跟政治人物打交道，为此，他和自己的董事会召开过一次重要的会议。

内部会议上，默多克结合自己在英国的经历阐述了跟政治人物打交道的重要性，他认为："只有用钱将政府拴住，才能真正确立自己在一个国家的地位。我们的公司是大公司，我们需要稳定的市场和人脉，这也是其他公司在一直苦苦追求的。我们跟他们不同，因为我们的公司跨越了三个国家，我们跟各种各样的人打过交道，但是我们也要看到自己的不足，我们没有真正和一个国际的统治政权确立关系，那么，你们认为谁最适合我们？"

当即，主管英国媒体的人提出撒切尔夫人，并且说："这是一位非常聪明的领导者，她现在需要我们的支持，而我们同样需要她的支持。如果我们建立了稳定的关系，那么，起码在英国，我们的地位就得以保障，我们的权利就不会丢失。"

撒切尔夫人，这位将要在政坛掀起风浪的政治家，鲁珀特·默多克早注意到了，可是不知道为什么，一提到英格兰，鲁珀特·默多克的心情就感到异样，好像是一种对灾难的预感，这让他十分难受，尽管，在英格兰有自己钟爱的《太阳报》。

见鲁珀特·默多克的脸色不好看，《太阳报》的主编拉里·兰博说道："我们同意这个提议，鲁珀特，撒切尔夫人不像我们碰到的任何政府官员，她气质极佳，善于思考，相信我，我们不是在搞政治投机，而是在寻找一个可稳定发展的依托。"

鲁珀特·默多克依旧显示出有些为难的样子，他犹豫道："女人从政，我其实还是不太相信。"

"鲁珀特，可以听我说几句吗？"拉里·兰博忍不住插话道，他的语气非常温和，但带着一种不可置疑的坚定，于是鲁珀特·默多克做了一个请的手势。

"撒切尔夫人在成为保守党的领导的时候，曾经专门就舆论支持方面开过一次重要会议，她相当看好包括我们《太阳报》在内的好几家报纸。原因很简单，我们的报纸发行量大，读者群相当可观，可比那些装正经的报纸受欢迎多了，所以看她的意思，是非常愿意跟我们合作的，我早就想征求你的意见了。"

"兰博，我知道你的意思，我也知道我们的报纸在英格兰是什么地位，只是——这个铁腕的女人是保守党，你认为我们支持这个党派不会有负面影响吗？报纸的倾向直接决定了自己的发行量，如果我们明目张胆地支持保守党，我怕支持工党的读者立马离我们而去，而且，她现在还不能给我们什么保证呢。"

"鲁珀特，我想这是一个长期的工作，具体的工作需要慢慢来，尤其是跟政府人员合作更是急不得，所以，我想，我作为先头人员跟撒切尔夫人打一下交道吧，这样再确定她对我们的价值如何，如果她不行，我们也没必要想多了。"

"大家认为如何？"鲁珀特·默多克的话让董事会成员惊讶，大家已经习惯了鲁珀特·默多克的独裁，开会的时候都不大说话，现在听鲁珀特·默多克这么说感到好奇又好笑，大部分人还是不作声，也有那么几个把鲁珀特·默多克的话当真的，一个说："我认为撒切尔夫人作为保守党，是跟工人作对的，在工人运动如此频繁的当下，恐怕不是一个明智的决策，要知道，那些工人们都是不要命的啊。"

鲁珀特·默多克听完没说话，隔了一会儿，另一个人说："英格兰跟美国不一样，美国正处在上升时期，所以各方面都比较开放，而英格兰处在帝国的衰落时期，所以很多地方跟我们的习惯有冲突。从求稳定的方面上说，还是在美国好；从开拓领域方面说，英格兰和美国都应该作为我们的目标。"

鲁珀特·默多克的脸色又开始难看起来，于是再也没有人回答了。

鲁珀特·默多克是个独裁者，当他犹豫的时候，一般是因为两种事情，一种是自己拿不准，但需要自己拿主意；一种是听别人的意见。其实，别人的意见并不重要，他只是在为自己缓冲时间。

那两个发言者显然没搞懂默多克的意图，还以为他真想听董事们发言，招致了默多克的不快，这件事被人作为笑谈了好多天。

当下，拉里·兰博毛遂自荐，鲁珀特·默多克同意了。

最终，默多克决定暂时放下情感因素，理智地对待撒切尔夫人，他把任务交给了拉里·兰博。

拉里·兰博感到头疼，因为他从来不想成为一位保守党，可他受命于鲁珀特·默多克，只好竭尽全力去做好跟撒切尔夫人的接洽工作，就像鲁珀特·默多克说的：我们不仅要眺望下一个山头，我们更要眺望整座喜马拉雅山。

当时，撒切尔夫人也在积极寻找自己的合作伙伴，或者确切地说，在寻找自己的舆论支持者，舆论就是一切，这是任何领导者都明白的道理。

2. 成功

1979年末，工人罢工事态的持续发展，给了双方交流的机会。

当时，工人运动使得伦敦大街上失去了生机，垃圾堆满了一条条街道，兰博对政府的不作为是非常气愤的，他当时发表了一篇名为《不满意的冬天》的文章，表明《太阳报》跟卡拉汉的对立立场（当时英国的首相是卡拉汉）。

此时，对媒体消息一直高度敏感的撒切尔夫人认为这是个双方达成一个共识的好时机，便给拉里·兰博写了一封信，上面写道："亲爱的兰博先生，对于您的编辑才华我向来是十分敬重的，我们都是英格兰的公民，我们的理想都是致力于让我们的国家变得更加繁荣昌盛，让我们的公民活得更加幸福，所以，我认为我们可以就当今问题进行一次谈话，您意下如何？"

拉里·兰博收到这封信的时候，激动得颤抖起来，他见撒切尔夫人很有诚意，便赶紧给她回了信。他写道："亲爱的夫人，收到您的来信是我最大的荣幸之一，天知道我是多么激动啊，您说得非常正确，我们都致力于自己国家的更加富强，我们都在尽一个英国公民的义务，所以，我请您到波维尔大街来做客，不知道您肯不肯赏光？"

写给撒切尔夫人的信递出去之后，拉里·兰博激动地给鲁珀特·默多克打了电话，说现在是最接近撒切尔夫人的时候。默多克对这个消息倒是没有表现出多大的热情来，他问道："这个铁血女人不会跟我们耍花招吧？"

兰博对默多克了解颇深，他知道他的情绪又开始多过理性了，于是笑着安慰他："如果她到现在还玩我们的话，除非她不想当英格兰的首相了。"

默多克还是不放心，拉里·兰博安慰了他几句就筹备迎接撒切尔夫人的事宜了。

过了没几天，撒切尔夫人来到了波维尔大街，拉里·兰博非常热情地迎接了这位气质与能力俱佳的女强人，他热情地伸出双手，说："夫人，我们终于将您盼来啦！"

撒切尔夫人微笑着伸出自己的手，跟兰博握了手。拉里·兰博随后跟撒切尔夫人的助手握了手，三人坐定，撒切尔夫人说道：
"我们国家的舆论领导者，您可真是一位有礼貌的人啊！"

拉里·兰博连忙谦虚了几句，随后，他打开专门挑选的一瓶高级威士忌，给撒切尔夫人倒了酒。

撒切尔夫人将自己的高跟鞋脱下来，显得惬意而自信，她略一思索，问道："《太阳报》的发行，有没有受到工人罢工的影响？政府肯定会尽力给你们支持的。"

撒切尔夫人给人一种踏实的感觉，让人感觉到一种信赖，拉里·兰博笑着说道："也是有影响的——不过也不是非常大的影响，现在的情况，谁能确定呢？"

撒切尔夫人点头，说："我知道你们的难处，咱们应该合作起来。"

说到合作两个字的时候，撒切尔夫人的双手互相握了下，就仿佛是已经合作成功了一样。

拉里·兰博点头表示同意，然后二人就当时报纸发行遇到的问题、治安、移民问题都互相交换了看法，几个小时不知不觉就过去了。拉里·兰博谈完后给鲁珀特·默多克打了电话，非常兴奋地说道："天哪，这是怎样的一位女子啊，从她一举一动中，你能看出极好的修养来，但是她却那么自然，毫不做作，她对我们的报纸有着发自内心的关怀——当然，这也是为大选做准备，总之我通过跟她谈话，觉得这是一个非常值得信任的人，所以，我们的目标没错，喂喂，鲁珀特，你说话呀。"

电话那头沉默了片刻，终于传来一声放松的大笑。

拉里·兰博也笑了，鲁珀特·默多克认可了自己这个正确的决定，天知道要让他接受个什么事可比登天还难，更何况这个国家在情感上对他造成过巨大伤害。

几天之后，撒切尔夫人给拉里·兰博去信，邀请他去她的住所做客，这可是一大殊荣。拉里·兰博信心满满，提前15分钟赶到，撒切尔夫人微笑着欢迎他。

如果说第一次只是暖场，这一次就进入了问题的核心。两人都知道大家的合作是各取所需，所以拉里·兰博从第一句话开始，就表明自己的立场，他说："夫人，您知道我们报纸的取向是在保守党这一边的，所以，我对我们的合作是非常期待的。"

撒切尔夫人笑着说道："您真是一位有意思的主编，这些天为了准备大选忙得我是焦头烂额啊，不知道您在宣传方面能不能给我们点儿启发性的建议？要知道，全英格兰都知道《太阳报》主编可是一位智慧的男人啊。"

撒切尔夫人话虽然没几句，但句句命中目标，让拉里·兰博十分惬意。

拉里·兰博连忙将当下各个报纸的特点以及可能合作的对象对撒切尔夫人详细地说明了一下，撒切尔夫人不断点头，拉里心想她肯定觉得自己说得靠谱。

于是，接下来的一个多小时，基本上就是拉里·兰博在给撒切尔夫人"上课"。

撒切尔夫人一无所知吗？当然不是。

第一，她从政多年，需要处理一堆堆的事情。第二，有些行业的内部消息是轻易不向外人透漏的，政府也不行。

所以，撒切尔夫人让拉里·兰博给自己提出建议，既是对拉里·兰博的一次测验，也是洞悉报纸行业的规则。

最后拉里讲得差不多了，撒切尔夫人对他进行了由衷的赞美，"拉里先生，看来我们的合作将是英格兰的一件大事！"

这番话既让人看到她在竞选上的雄心，也让人看到和她合作能得到的利益。

拉里·兰博后来对默多克谈论撒切尔夫人时说："她是一个说到做到的人，从来不会矫揉造作。"

3. 默多克改变主意了

双方进行了友好会面以后，《太阳报》用了整整一版的篇幅为撒切尔夫人做宣传，他们在社论中对撒切尔夫人所在的保守党进行了热情洋溢的赞美："英格兰前进的道路并不是一帆风顺的，我们需要一个高明的党派来领导，保守党就是这样的一个党派。"

不过，默多克看到报纸后，有些担心。作为一个商人，他仍然秉承对待政府要狡兔三窟的方针，不能对哪一方面过于明显，因为这样就意味着你在得罪另一方。

默多克打电话对拉里·兰博说："为什么要毫无保留地给保守党做宣传呢？他们顶多是一时得势，我们需要给自己留有余地，不然，我在这儿吃的苦头恐怕还要重演。"

拉里·兰博回答说："老兄，如果你亲自接触过撒切尔夫人，你就会知道，她不仅仅是一个铁血的女人，还是一个有人性的政治家，她本身就散发出不可阻挡的魅力。我相信我们的这次选择是对的。"

默多克回答说："无论怎样，我们做好两手准备是没有错的，比如样刊上的'这次'，我建议你改为'今天'，这就是说，我们今天支持他们，明天可就未必，要知道，选举的形势可是瞬息万变。"

拉里·兰博有些生气，因为自从同撒切尔夫人会面后，他已经彻底成了她的粉丝。他打断了鲁珀特·默多克，说："好好好，老朋友，我听你的，谁让你是老板呢，我会改的，那么，还有什么问题需要我注意吗？如果没有，我要去看一下版面设计啦。"

默多克总算暂时"放过"了拉里·兰博。

大选的结果合乎民众公测，撒切尔夫人成为了英国首相。

当选当天，拉里·兰博给默多克打电话，告诉他这个喜讯，默多克也一扫对进入英国政治的悲观，他大大地赞赏了拉里·兰博的交际才华："老兄，我发现，在某些时候，你在人情上的把握，要比我准确多啦，所以，我算是服了你了。"

在拉里·兰博的记忆中，默多克可是基本上不夸人的，拉里·兰博拿着电话筒，快乐地笑了。

鲁珀特·默多克在政治上跨出了自己的第一步，这也是最重要的一步，它改变了默多克对于英国的畏惧，给了默多克交际的信心。这也为默多克跟美国卡特总统的交往打下了基础，尽管，在这件事上默多克有些犹豫。

当时，鲁珀特·默多克的《纽约邮报》如日中天，默多克的名字也成为政客们不得不时常挂在嘴边的名字。

在卡特将近大选的时候，他找到了鲁珀特·默多克，希望得到《纽约邮报》的支持，鲁珀特·默多克当然明白卡特的意思，可是他有些犹豫。

卡特的智囊团，对默多克的影响力颇为看重，想把他拉拢过来。

肯尼迪方面对默多克也有想法，这更加快了卡特邀请默多克的步伐。终于，一天鲁珀特·默多克来到自己的办公室，发现一封政府专用信封包裹的信，他翘了翘嘴角，已经大体知道是什么事了。

卡特邀请他吃饭，信中的语气非常恳切而有礼貌，完全没有政府交际词汇的那种呆板的感觉，默多克不喜欢卡特，可他也不想一下子拒绝他，这是默多克惯常用的手段，在办事之前，先吊足了对方的胃口。

默多克让自己的助手联系卡特的工作室，就说自己有重要的事情要办，能不能推迟一下，卡特方面肯定不想得罪默多克，只好同意。

默多克收到回复之后，狡狯地笑了笑，便继续自己那"重要的事情"，他想买美国的飞机，组建自己的航空队伍。

几天之后，见默多克毫无动静，卡特方面又发来了邀请，问鲁珀特·默多克是不是有时间出去吃顿饭。默多克坐在自己宽大的办公椅上，两条腿搭在办公桌上，眯缝着眼思量：如果自己一下子受宠若惊似的，赶着去跟卡特吃饭，显得自己没有底气，而且，卡特是什么样的人？是自由惯了的人，这种人不可以太顺从他的意思，最好的方法是再晾他一下，再一再二，不再三，等下次再去。

计谋已定，鲁珀特·默多克便给卡特回了信，上面写道：亲爱的朋友，我是多么喜欢和你一起吃饭，那将是我这一生都难以忘记的事情，如果跟您共事，那将是我的荣幸，可是最近公司的业务太忙，我实在是抽不出时间来，所以，我们的约定可不可以推迟几天？这封信写得比第一封要长，言辞也热烈，默多克就是要给卡特方面一个模糊的印象。

在这件事上，卡特无法掌握主动权，只好同意了鲁珀特·默多克的提议，默多克见自己的计划又实现了，得意扬扬，自己可是拒绝了一个可能当总统的人的邀请呢！

又过了几天，跟波音公司的事情又进一步了，连最后一次协商的时间地点都定了下来，默多克便让助手联系卡特的办公室，约定哪天吃饭，问对方有没有时间，卡特自然不敢怠慢默多克，给予了非常肯定的答复，而默多克提议的那一天，正是自己跟波音公司最后一次商谈的时间。

到了这一天，波音航空公司愉快地跟鲁珀特·默多克进行了商谈。默多克的意思是，自己需要一大批飞机，他说"一大批"的时候，故意加重了语气。但是这"一大批"到底是多少，他还没有定下来，这给了航空公司以想象的空间，因而在利率上，默多克很有可能得到优惠。

航空公司为了密切自己跟政府的联系，给鲁珀特·默多克的建议是，让他向政府申请贷款。鲁珀特·默多克同意了这个说法，不过他有自己的条件，利率一定在百分之八以下，波音航空公司说这个意见需要探讨一下，鲁珀特·默多克说："好，你们探讨吧，不过要尽快给我回复。"然后他直接去找卡特吃饭了。

　　卡特的意图非常简单，就是要让鲁珀特·默多克在初选的时候尽量支持自己。鲁珀特·默多克不是非常看得起卡特，但是他还是拿出了最基本的交际礼貌："没问题的，卡特先生，我知道你在自由方面为这个国家做出的贡献，尽管我不是一个地道的美国人，可是美国算是我的第二故乡了。"

　　鲁珀特·默多克这样说，卡特以为鲁珀特·默多克的话里有话，便试探性地说："默多克先生如此有才华，精通管理，自然是不可多得的人才。我认为先生已经达到了成为一名合众国公民的各项要求，起码，我认为是这样的。"

　　其实，鲁珀特·默多克考虑加入美国国籍很久了，只是平常的业务太繁忙了，所以一直搁置，如今听卡特这么一说，想自己可不能露出多么迫切的情绪，便找了个话题岔开了。他对肯尼迪的行为自来就厌恶，这个话题自然和卡特有了共鸣。

　　但是不要忘记鲁珀特·默多克的狡猾，他只承诺在初选阶段给卡特支持，却没有保证在大选时候也支持他，这给自己提供了更多的选择的可能。所以，卡特和鲁珀特·默多克的谈话非常愉快，只是表面现象罢了，二人都有自己的算盘，卡特需要的也只是一个宣传的帮手，他素来知道《纽约邮报》讨厌肯尼迪。

　　默多克不知道，他正在和卡特相谈甚欢的同时，早就有嗅觉敏锐的记者在开始调查他了，第一件事是银行给默多克的利率据说只有百分之八，这不符合常规。第二件事，鲁珀特·默多克和卡特吃上了饭。

　　于是，便有好事的新闻人撰文，说鲁珀特·默多克先用钱贿赂了卡特，然后再通过卡特的运作，在银行申请了百分之八的低利率贷款，他们正像鲁珀特·默多克一样，都在急切地寻找新闻呢，于是这个消息一时间传遍了美国。

　　不久，美国社会疯传鲁珀特·默多克贿赂政府的事情，鲁珀特·默多克听说这件事是在跟卡特吃完饭之后了，他的助手在他从酒店出来的第一时间就在他耳旁说起了这件事。鲁珀特·默多克哈哈一笑，他说："我们被人质疑的次数还少吗？这些东西就像是我们报纸里写的内容，多半为了猎奇罢了。"

　　可是，默多克的助手脸色依旧十分慌张，他往前俯着身子，轻轻地对默多克说道："董事长，要不，我们开个新闻发布会，澄清一下这件事情吧，毕竟您是初涉政坛，很多东西还没有稳定下来。"

　　"不用，我说了不用，我们现在不需要怎么证明自己，第一，我们证明，对人们的七嘴八舌没有任何作用；第二，等他们自己找不出证据来，我们的正面形象就更加高大。时间会证明一切的。"

　　事情的确如鲁珀特·默多克所料，记者们和国会的一些官员对于这次低利率的事件都进行了调查，结果没有发现任何鲁珀特·默多克行贿的证据。

　　不过，鲁珀特·默多克对此事的怠慢给了参议院不好的印象，参议院先是对那家银行进行了批评，认为他们的行径是"草率的""自私自利的"。

　　而对于鲁珀特·默多克，他们认为这个人根本没有把美国政府放在眼里，"这是一个狂妄自大的野心家"。

　　可无论如何，经历过这次事件之后，鲁珀特·默多克已经成为一位跟政治挂钩的商人。

第九章　拓展境界

1. 眼光转回英格兰

20世纪80年代是默多克最忙碌、最有收获的一段时期。

自从在政坛布局以后，默多克建立传媒帝国的信心更足了。不久，他又开始进行疯狂的收购，第一个目标是英格兰的《泰晤士报》。

《泰晤士报》以泰晤士河命名，是英国最为著名的报纸之一，在全球都有无数读者。第一个进入《泰晤士报》的家族是汤姆逊家族，这个家族背景深厚，为人宽和。

在购入《泰晤士报》以后，他们充分发挥员工的积极性与创造性，做到基本不干涉员工的创造性活动，尤其有丹尼斯·汉密尔顿作为这份报纸和另外一份报纸《星期日泰晤士报》的总主编，汉密尔顿又让一个叫威廉·里斯莫格的人担任《泰晤士报》的主编。里斯莫格是个有想法的人，受过良好的教育，为了使读者阅读方便，开创了大标题短句子的先河，这在某种程度上给报纸的发行带来了一定的促进作用，里斯莫格成为汤姆逊家族极为器重的属下，《泰晤士报》的运行有条不紊。

1976年，老汤姆逊不幸病故。可惜虎父有犬子，他的儿子对《泰晤士报》和《星期日泰晤士报》没什么兴趣。

而且伦敦这个地方多雨，潮湿。已经移民加拿大的儿子们也不喜欢在这里居住。最后因为新技术引进的事情，汤姆逊家族和政府起了争执，这两份报纸濒临破产。

小汤姆逊本来对这两份报纸就没有太多的兴趣，于是他联系了一家银行来帮助自己出售报纸。而默多克，这时候已经悄悄地盯上了这两份报纸。

鲁珀特·默多克有明确的路线规划图，他知道，自己在英格兰立住脚的标准是收购《太阳报》。

随着时代的高速发展，以及网络时代的来临，他以前运用的方式越来越落后，于是，他想在英格兰补充新鲜血液，更新换代。

与此同时，汤姆逊家族的两位干将正在积极努力，寻求支持，以求使得《泰晤士报》和《星期日泰晤士报》摆脱被卖掉的命运。

第一位是里斯莫格，他是一位倔强而有才华的年轻人，还有一个是《星期日泰晤士报》的主编埃文斯。他们商量后，决定去美国寻找援助，结果很不理想，没人愿意提供帮助，因为谁都不喜欢借钱给一家濒临破产的报纸，这不是打水漂吗？可是，有一个人，非但没有挖苦他们，还亲切地跟他们交流了一下，这个人就是鲁珀特·默多克，这使得二人感觉惊讶且欣喜。

不久，鲁珀特·默多克到了英国，他先找到《泰晤士报》的一个执行编辑——戈登·布伦顿，默多克请他吃饭，戈登对鲁珀特·默多克的经营管理才华早就敬佩有加，非常爽快地答应了。二人边吃边聊。

鲁珀特先询问了一下报纸工作人员的福利现在如何保障，然后才将自己的想法说了出来，他想购买这报纸。

戈登一点儿都不奇怪，他点点头，对默多克说道："我也觉得这份报纸需要您这样的一位有谋略的老板才能起死回生，只是现在英国有太多的老板对这两份报纸虎视眈眈，所以，我认为您应该充分发挥自己的交际才华，埃文斯，里斯莫格，还有几个重要人物，您都应该见一见。"

鲁珀特·默多克对于戈登诚恳的意见充满了感激，他笑着对戈登说："是啊，这就是我专程来到伦敦的目的。"

一顿饭吃完，鲁珀特·默多克已经确立了自己的收购方法，各个击破。

当下，鲁珀特·默多克派人去打探消息，原来12月31号是政府给汤姆逊家族的最后期限，如果到时候报纸还没有拍卖出去，就会采取强制措施。

可是，里斯莫格与埃文斯貌似都在筹划动作，买报纸，尤其是里斯莫格，他经过大力地游说，将很多记者拉拢到了自己这边，老谋深算的里斯莫格还专门为此申请成立了一个公司，叫作"《泰晤士报》记者"，他的目的很简单，竭尽全力将这份报纸购买下来，尽管在美国没有得到足够的资金支持，可是无论如何也要搏一下，不然，他们这些人真的无家可归了。

鲁珀特·默多克于是积极和政府联系，工党此时对鲁珀特·默多克仍然有好感，尤其是前工党首相詹姆斯·卡拉汉，他认为鲁珀特·默多克在就业岗位上做出的贡献，不亚于很多英格兰本国的企业家。

鲁珀特·默多克这些年在政治方面进行了苦心经营，无论是在伦敦还是在美国，他都没有忘记詹姆斯·卡拉汉，经常专门派人去问候。

回到伦敦不久，詹姆斯·卡拉汉便邀请鲁珀特·默多克吃饭，默多克说："不，这次饭应该我请。"卡拉汉还是和以前一样随和，他先就鲁珀特·默多克以前在英国的不幸经历表示抱歉，而鲁珀特·默多克则十分大度地说："过去的事情已经过去了，我们要面向以后。"

卡拉汉说："现在《泰晤士报》的两个大人物，埃文斯和里斯莫格都在蠢蠢欲动，我想你不会不知道，不知道你了不了解他们？"

鲁珀特·默多克见卡拉汉如此坦率，回答说："他们在美国求助的时候我和他们见过面，但没有更深的交情了，我觉得他们都是可靠的人才，可惜不是我的人。"

卡拉汉说道："他们两个不一样，里斯莫格是一个自信的人，因而非常倔强，一般人是说服不了他的，除非他的朋友埃文斯，而埃文斯是一个比较温文尔雅的人，我认为如果你要拉他们入你的公司，应该先从埃文斯入手。"

鲁珀特·默多克听到这里，兴奋地一拍大腿："高见，高见！看来今天这顿饭真是没白吃。在政府里待过的人就是不一样，我的那些董事会的人是绝对没有这种高妙的见解的！"

默多克真没想到自己刻意照顾的这条关系线，真给自己带来了好处。他说："等我收购了《泰晤士报》，我第一个要感谢的人，肯定是你！"鲁珀特·默多克对詹姆斯·卡拉汉说道。

卡拉汉善解人意地摆摆手，说："你中午少吃点儿，晚上还得请埃文斯吃饭呢。"默多克被卡拉汉逗得哈哈大笑。

吃完饭，鲁珀特·默多克慢步往回走，卡拉汉的见解没错，只是怎么才能将埃文斯拉到自己的这一边呢？今晚上的谈话务必成功，因为这是后面一系列动作的基础。

鲁珀特·默多克边走边从路边的花坛里摘下一朵花，左嗅嗅，右嗅嗅。阳光少见地劈头盖脸照下来，周围的空气生成了热浪，一波波地上升。这么热的天，默多克没有感觉到一丝烦躁，因为他对自己的前景有把握，他越来越高兴，甚至唱起了小曲儿。有清洁工从他身边走过，又转过身来追上他嚷道："先生，这里的花是不能摘的。"

默多克这才从思考中走出来，微笑着说："噢，噢，对不起，对不起。"

他拿出一英镑来，给了清洁工，说："这是赔偿的。"然后迅速走了，他想，这清洁工会拿这一英镑做什么呢？会不会自己花呢？又想起晚上的谈话，最好的发挥就是临场发挥了，他相信自己的交际手段。这么想着，一眨眼，到了家。

"喂，安娜，我今天晚上好像又不能陪你吃饭了，希望你原谅我呀。"安娜给默多克倒了一杯水，然后坐回沙发上，笑着说道："今天晚上你可要将口才发挥到最佳水平，这可是成败的关键。"鲁珀特·默多克说："哦，原来你也知道了呀？"心中却为安娜的推理能力暗暗吃惊。而安娜一直笑吟吟地望着他，希望自己杰出的丈夫能收获成功的喜悦。

鲁珀特·默多克给助手打了电话，让他今晚联系好埃文斯，安排一个饭局。

然后，就心情愉悦地跟安娜一起打扫起屋子来。

自从安娜在英国出了那次事故，鲁珀特·默多克越来越体会到一个男人的责任，而每当想起男人的责任，他就想起自己的第一任妻子，他对不起她，自从安娜生下了几个孩子，他更是将家庭看得越来越重。

正在两人打扫房间时，客厅里的电话丁零零地响起来。

鲁珀特·默多克对安娜微笑着说："看到了吗？夫人，我们的生意来啦！"

默多克像个孩子一样，一蹦一跳地回到客厅，事情果然定了下来，埃文斯不反对和鲁珀特·默多克进行一次商谈，但前提是默多克要保持自己的诚意，因为想购买这份报纸的人太多了。

于是安娜也停止了打扫，过来帮鲁珀特·默多克打扮，梳头的时候，望着默多克已经越来越多的白发，她感慨了一番，他们都开始变老了。

2. 成功收购《泰晤士报》

安娜帮默多克收拾完以后，只见他全身焕然一新，西装得体，领带整齐，皮鞋锃明瓦亮。

吃饭的地方和中午一样，司机开车将他送到目的地。不一会儿，埃文斯也来了，二人握手寒暄，鲁珀特·默多克将客人让进里面。

大家坐定，因为此前默多克已经和对方接触过，双方都知道此次饭局的用意，于是默多克开门见山地说："埃文斯先生，我很少佩服别人，可是当我在美国碰到您和里斯莫格先生为了《泰晤士报》四处奔走的时候，确实被你们感动了。请恕我冒昧，我觉得如果有一天二位在我的公司工作，那将使我感到不胜荣幸！"

埃文斯心中对鲁珀特·默多克这位在世界传媒界叱咤风云的人物充满了敬佩，他用手巾擦了手，文雅地笑了笑："默多克先生，卡拉汉先生曾经跟我提到过您，他对您是赞不绝口，和我的看法一样。"

默多克听到他这么说，心中更有底了，于是哈哈一笑，说："既然我们都对彼此有好感，为什么不在一起合作呢？我相信如果您能来我的公司，我一定会如虎添翼的！"

不料，埃文斯脸上露出为难的神色，默多克紧紧地盯着他看。埃文斯说："我何尝不想有个好的归宿，只是，我实在舍不得《泰晤士报》，我和里斯莫格一样，都舍不得这份报纸，所以，我们现在做的尽管像是飞蛾扑火……"

埃文斯没有再说下去，因为鲁珀特·默多克已经面带灿烂的笑容在看着自己了。"怎么了，先生？"埃文斯小心问道，"难道是我说错了什么话了吗？"

"不不，埃文斯老弟，你说得非常好，我很赞同，只是我刚才没有将话说全，老弟，如果您到我的公司，我任命您为《泰晤士报》的总经理，怎么样？这样，您仍然可以跟自己钟爱的报纸在一起。"

"什么？"埃文斯兴奋地叫了出来。还有什么结果比这个结果更理想呢？埃文斯想不出来，即便自己能买下报纸，资金的周转也可能让报纸瘫痪。

于是一切都顺理成章，埃文斯接受了鲁珀特·默多克的条件，又提出了关于里斯莫格的事情，默多克保证不会让他没有职位，埃文斯才放心，他决定亲自跟里斯莫格商量。

吃完饭已经是晚上。华灯初上，伦敦的夜景原来这么美，默多克没有让司机送自己，他第一次觉得城市的灯光这么有活力，给人一种光明的感觉。他顺着中午的那条路，一步步往家走，他记起了中午摘的花，和那个清洁工，他现在会干什么呢？一个清洁工，打扫完马路，应该不会回去打桥牌，也不会去玩高尔夫球，或者赌博，看赛马，他们的生活是怎么样的呢？

默多克边想边走，忽然觉得路边有些异样，等他站定，往四周看了看之后，猛然明白，原来花坛里面那些被人拔去了的花、被雨打倒的花、没有发芽的花都被人用花苗给补好了。鲁珀特·默多克的心一动，莫非是中午的那个清洁工，自己的一英镑成了这地上的花，那应该也是一种浪漫吧。默多克飞快地行走着，他怕万一出现推翻自己这个想法的证据，他喜欢这个想法，喜欢完美，这么想着，忽然发现伦敦其实也不是那么不近人情。

第二天，埃文斯跟里斯莫格进行了一番谈话。埃文斯认为鲁珀特·默多克既然可以让自己担任总经理，就肯定不会让更有才华的里斯莫格空闲。里斯莫格从来没有见过埃文斯这么热情洋溢地赞美一个人，再加上二人在美国碰见过默多克，第一印象是非常不错的，所以很快也对鲁珀特·默多克产生了极大的好感。

随后，丹尼斯·汉密尔顿请两人一起来商讨，二人都认为鲁珀特·默多克是最佳人选。

"好吧，但是，据说鲁珀特·默多克是一个非常具有强权意识的人，跟我们的汤姆逊老板简直是天壤之别，所以，你们要给他立个规定，要他保证编辑的自主权。"

于是，三个人碰面。在饭桌上，鲁珀特·默多克耐心地花了近5个小时回答了对方提出的各种问题，鲁珀特·默多克难得地同意让编辑自治。

此次收购，让默多克再次意识到，英国也并非那么不近人情。政府对这次交易评价甚高，认为这是当今世界"最为激动人心的大交易之一"。

无论从收购规模还是名气来看，鲁珀特·默多克的这次交易的确称得上伟大。《泰晤士报》基本上可以称得上英国的代表性报纸，他一个澳大利亚人竟然将它和《星期日泰晤士报》掌握在了手中，一时间，英国和美国在默多克心中的地位几乎对等起来。这源于自己实力的增强，默多克没有理由不喜气洋洋。

但是，世界上从来没有一帆风顺的事情，当鲁珀特·默多克沉浸在自己的梦想当中的时候，布伦顿的一席话让他重新担心起来。布伦顿说，现在他们需要担心英国的垄断和兼并委员会，为了防止企业进行垄断，这一委员会针对报纸的接管问题管制相当严格，如果委员会没有通过接管交易，那么以前的努力都会化为泡影。

"怎么办？"鲁珀特·默多克听完后，一下子慌了神。

"只能走人情路线了，我们需要想方设法在政府里打通关节。而且，我们要造势。我们一起去，你认识的人毕竟比我多得多。"

布伦顿说道。

第二天，鲁珀特·默多克便与布伦顿去寻求各种政府人物的支持，可是并没有获得多少人支持。鲁珀特·默多克感觉自己一下子从天堂掉进地狱。

此时，默多克前些年的政治布局再次发挥了作用。英国政府内阁进行了一次专门针对鲁珀特·默多克收购事件的会议，对于这个外国人，他们还是有自己的小意见的。泰晤士报系毕竟是英国最大的报纸了，而默多克毕竟不是英国人。

当时有人提出，这个事情必须要让垄断和兼并委员会讨论，如果默多克的做法违反了任何规定，都应该受到相应的处罚。

此时，得到过默多克《太阳报》宣传益处的撒切尔夫人站了出来，她说默多克一直跟英国政府合作，给英国带来很多的就业岗位，是不可多得的人才，并且在舆论导向上，他是有自己见解的，所以不必让委员会去对他进行审查。

默多克平安渡过难关，他感慨万千，非常感激撒切尔夫人。当天他给拉里·兰博打电话，一开始就用极其热烈的词汇表达自己的感谢："我的朋友，你猜猜，发生了什么？撒切尔夫人的一句话改变了咱们的命运，所以，让我对你表达衷心的感谢吧。"

拉里·兰博早就听说了默多克面临垄断和兼并委员会的审查，正担心默多克呢，他就来了电话。兰博心中好笑，可也总算放了心，"怎么，这次战斗，你胜利了，还想继续扩张你的大帝国吗？我的皇帝？"兰博打趣道。

"当然，我的生命就是属于扩张的。"默多克坚定地说。

鲁珀特·默多克踌躇满志，他回到家，以胜利者的姿态跟自己的儿女们玩笑，安娜则在一旁笑着看他们打闹。

好久没有享受家的温暖了，默多克想，人拼搏一辈子，追求的是什么呢？鲁珀特·默多克的心情也颇为不平静，为了更大的成

就？为了家人在一起幸福地过日子？可无论如何，去奋斗，应该是
一个男人的使命。

3. 《金融时报》

刚刚收购完两份报纸，默多克又看中了另一家举世闻名的报
纸——《金融时报》。

事情之所以进展如此顺利，是因为《泰晤士报》不需要默多克
参与管理和制作，这让他节省了精力。

《金融时报》属于培生集团，该集团发展迅速。《金融时报》
便是这家公司的当家资产，在全世界都有很大的发行量。

经过频繁的收购，默多克的实力已经在大多数公司之上了，所
以他显得信心满满，扩展思路也开始转变，由原来的"收购破产报
纸"变为"吸纳强势报纸"，而《金融时报》自然而然成为了他眼
中的猎物。

当默多克表现出收购意图并要将其迁移时，他遭到了抵制。
《金融时报》的负责人巴洛夫认为，默多克这是将自己的意志强加
在别人的身上，霸道之极。他说："我不会让《金融时报》迁移
的，我强烈反对将它迁移到别的地方！"

为了增强抵制力量，巴洛夫联合了工会，一起来对付鲁珀
特·默多克。

默多克对此毫不在意，他悄悄地购买了大量培生公司的股票。
仅仅过了两个多月，鲁珀特·默多克手中持有的培生公司的股票量
达到了4.9%，这是当时法律规定的最高限度，过了这个限度就要进
行申报。

几乎所有报业从业者都知道鲁珀特·默多克在操纵股盘，可他就收购这不到百分之五的股盘，有什么用处呢？

正当人们推测他的意图的时候，鲁珀特·默多克的新闻国际公司买下了培生1750万股的股票，这样，鲁珀特·默多克持有的股票量已经达到了13.5%。这时候，培生公司有些害怕了，他们宣称不会和鲁珀特·默多克合作，但默多克也没硬逼他们，他在等待时机。

很快，老对手马克斯韦尔也扬言要收购培生公司，培生公司只好拿出精力来对付马克斯韦尔。

默多克坐山观虎斗。

过了一年，默多克还是没有得到下手的机会，他计划将《泰晤士报》卖给马克斯韦尔，让他先下手。可是新闻国际公司否定了他的这个意见："默多克可能是疯了，他竟然想卖掉《泰晤士报》。"大家都这么认为。

默多克静下来想一想，自己的确有点儿冒失，便终止了这个提议。

在通往成功的路上，强者总是有自己的独特方法。

但是，什么是成功？在收购了泰晤士报系之后，默多克可以说是世界传媒界的天之骄子了，是一个成功的人，但是他的性格缺陷也开始慢慢地暴露出来。

对《金融时报》的追求，对培生公司的打压，充分暴露了默多克的性格缺陷——他太自信了，自信得有点儿莽撞。很久以前，默多克公司的一个管理人员曾经这么评价他："在鲁珀特·默多克的手下工作，你几乎没有偷懒的机会，因为他精力旺盛，总是四处视察；你也没有浑水摸鱼的机会，因为默多克比任何一个人都了解经营报纸的各种技巧；他是一个可怕的老板，又是一个最负责任的老板。"

默多克确实是管理报纸的行家，可是实力的强大改变不了性格的弱点，只能在某些时候有些掩饰的作用。

默多克对于《金融时报》的渴望还是一如既往，培生公司非常害怕默多克的实力。为了应对默多克，培生公司宣布准备购买法国的《金融日报》，除此之外，他们为了显示自己的实力，和应对默多克挑衅的决心，还将《电子讯报》和《金融邮报》的股份购买纳入了公司计划之内。

默多克经过缜密的调查，发现这不是信心满满的标志，而是背水一战的表现。

默多克随后通过政府关系跟法国政府取得联系，阻止培生公司购买法国的《金融日报》。培生公司自以为准备得非常全面，可是在购买《金融日报》的时候遇到了来自政府的阻力，他们不得不撤销这个计划，并不约而同地对鲁珀特·默多克更加怀恨在心。

为了遏制培生公司，鲁珀特·默多克对培生公司进行了警告，他说："我们公司对你们公司的兴趣并没有多大，所以不要庸人自扰了，我们自然有办法将你们的资产冻结，但我们不想这么做。请你们也不要反应过于激烈，如果你们将我们看成是可以合作的朋友，那所有的事情都好商量；如果你们将我们看作是敌人，那就别怪我们也这么看待你们。"

培生公司的老板洛德·布莱肯经过思考，决定跟鲁珀特·默多克进行一下商谈，他实力太强，如果两方面成为敌人，自己肯定没有好果子吃。

于是二人见面，鲁珀特·默多克脸上带着饱满的自信，他将自己的西装整理一下，庄重地和布莱肯握手。布莱肯的脸色则不太好看，他说："默多克先生，我们一直知道，您是一个非常伟大的人，一个非常有实力的竞争者。可是商场并不是没有情谊在，我们上次的谈话非常愉快，可是我不明白您现在为什么还要跟我们作对，难道我们什么地方得罪您了？"

布莱肯的话柔中带刚，他知道默多克若是处于一个背信弃义者的角色之中，自己就有战胜他的优势，因为舆论毕竟还是公正的。

默多克当然明白他话里的意思，于是推起了太极，说："你们理解错了，我不是一个想吞并你们的人，我是在寻找合作伙伴，并且，我们的合作肯定会给双方都带来好处的，难道你不这么认为吗？现在，《金融时报》已经成为了一份全球性的报纸，可是有句话说得好，贪多嚼不烂。根据我的统计，你们在美国一天只能卖出去不到两万份报纸，但是，你们明明应该卖到20万份的，不是吗？你认为你们的销售环节不需要改善吗？你们现在在亚洲的日销量是4500份，这个数字连一般的小报纸都比不上，称不上经营惨淡吗？"

布莱肯浑身打了一个哆嗦，这可都是商业秘密。他颤抖地问："怎么，你怎么知道这些的？"

鲁珀特·默多克笑着说道："只要肯用心，什么事情都会搞清楚的，不是吗？再说，我也是培生公司的一个大股东。"

布莱肯显得有些痛苦，他的心理防线崩溃了，他说："好吧，说出你的条件。"

默多克心里狂喜，表面不动声色，说："好，为了避免我们两个公司产生什么不愉快，我提出一个解决问题的方法：我们两个人需要建立一种全新的伙伴关系，啊不，是一种真正的伙伴关系，我们将培生公司的股份对半持有，这是一个最公平的决议了，嗯，最公平的决议了。"

布莱肯当然知道默多克的"最公平的决议"是不公平的，但怎么办呢？他知道默多克是一个急性子，喜欢闪电般的攻击，看来唯一的办法就是缓兵之计了。

布莱肯思考了一下回答说："您的提议并不是没有道理，可我得跟我们董事会的成员进行商讨，和您合作当然是很多人梦寐以求的事情，对我们来说，同样如此。"

默多克听完后不自觉地笑了。

趁着默多克正扬扬自得，布莱肯说："那么，我们过后再谈？"他要做的就是跟默多克打持久战，默多克居然没看出来，他再次为自己的自大付出了代价。

他回答说："好吧，我们日后再谈。"

谁料想，这一拖就是两年多的时间。培生公司在布莱肯跟默多克谈话之后，没有继续坚持硬碰硬的"背水一战"策略，而是跟默多克打游击战。两年之后，默多克的性子终于被培生公司磨没了。"既然我不是赢家，我就认为自己是输家吧。"鲁珀特·默多克退出了这场持续了好几年的争斗，他将持有的培生公司的股份全部卖掉了。

鲁珀特·默多克交易失败的案例中，收购《金融时报》应该算是经典。以布莱肯为首的决策者不跟鲁珀特·默多克硬碰硬，寻找他性格中的弱点，加以利用，取得了成功。默多克经历过这件事情之后，也明白了自己还有很长的路要走，起码，在完善自己的性格上，他还有很多的事情要做。

4. 一次失误

即便是媒体帝国的皇帝，默多克仍然面临着许多让他焦头烂额的问题。比如，报道失误。

在鲁珀特·默多克从事报纸事业的过程中，第一次失误出现在早期。

失误由罗汉·里维特造成，最终导致两人分道扬镳。而在购买《金融时报》失败之后，鲁珀特·默多克的运气好像进入了一个恶性循环时期，《太阳报》的一次报道失误与当时发生的金融危机一起，差点儿给这份报纸带来致命的打击。

在默多克众多的报纸中，《太阳报》算是鲁珀特·默多克经营得最好的报纸之一。

因为撒切尔夫人的缘故，这份报纸跟英国政界结下了不解之缘。同时，也获得了政界的大力支持。到了20世纪90年代，《太阳报》已经成为英国最畅销的报纸了，但是一次关于足球的冲突事件，差点儿让这份报纸走向深渊。

1989年，英国利物浦球队和汉森林队在希尔斯堡球场进行英国足球杯的半决赛。

英国是现代足球的发源地，英国人非常热爱足球。几乎每天都会谈足球，这场比赛因而得到了众多的支持，门票卖得非常快，甚至就要比赛的时候，还有四千多人没有买到门票。他们心情非常激动，不顾生命危险，也不顾警察的阻挡，像潮水一般向足球场冲过去。

门虽然是铁制的，可是经过四千多人一撞，立马倒下。警察一看事态要扩大了，赶紧召集人手，可是人们实在过于激动，不顾一切地冲向站席的看台。看台上的人一看，这些人冲进来了，那些眼疾手快的观众对抗的对抗、跑的跑、躲的躲。可是另外一些没有防备的观众就遭殃了，他们正在专心致志地看球赛，后面的人就压上来了，这些人一被惊吓，也开始逃跑，场面就更加混乱了，人们像疯了一样到处逃窜，大量的球迷被活生生地压死、踩死。这件事情在第一时间被《太阳报》的记者捕捉到了。

第二天，《太阳报》以"真相"作为标题，发表了对这次事件的评论报道。

报道写道："对于这次惨烈的事件，无论球场的保安有多少，都不会起到什么作用的，那些利物浦的球迷根本不是去看球的，而是去杀人的。球场为什么要设置门票？并非只是为了挣钱，还是对观众的一种保护，而利物浦的球迷却不管这些，他们为了看一场比赛，像疯了一样冲进球场的铁门，完全没有一点儿素质，他们应该为这次事件负责，要负全部的责任！这也就罢了，据当事人说，利物浦的球迷中很多人喝醉了酒，当他们察觉到很多观众被踩死或者被压死之后，没有进行救助，反而去争抢死者的东西，比如相机、现金等。"

《太阳报》的这次报道语气激进，而且不合道理。

其实，当时很多人参与了救援工作。况且，利物浦的球迷也有很多死伤，他们对《太阳报》的这次报道非常不满，专门组织了队伍对《太阳报》进行抵制。一时间，酿成了一场风波。人们为死去的球迷举行了哀悼，对《太阳报》不合事实的报道则进行了斥责，《太阳报》明显感觉到吃不住这压力，而《太阳报》对于低俗内容的喜爱也引来了批评。

《太阳报》的事件让全世界都对这份报纸的印象大打折扣，鲁珀特·默多克当即指示《太阳报》的主编加尔文·麦克肯兹发表道歉文章。

很长时间以后，事件才平息下来。麦克肯兹找鲁珀特·默多克递交辞呈。默多克却笑着对他说："这次事件报道的确有失误，可这就是我们办报纸的风格，你只要记住，激进也是有限度的就行了，我们的大方针不必变。"

其实，麦克肯兹此次来访，本想以递交辞呈为要胁，提商量改变办报方针的事情，没想到鲁珀特·默多克直接回绝。

麦克肯兹面露难色："可是，我们的名声因此在世界范围内都被质疑了。"

"没事，做生意嘛，总是有风险的，我觉得这次事件传到了全世界，未必就是一件坏事哩。"鲁珀特·默多克自信地说。

风格还是照旧，可麦克肯兹还得面对新闻媒体道歉说："事情

都是我 于操小的，鲁珀特·默多克先生不知道这件事情，我是这个报纸的主编，我愿意负责任，我当时将这件事放到了报纸的头版，是我主编的失误，可能是因为对那些死者过于同情，然后他们激发了我的激进心理，我就这次事件向大家道歉，希望得到大家的原谅。"

麦克肯兹道歉之后，奇迹出现了。正如鲁珀特·默多克所料，《太阳报》的知名度经历过这次事件之后迅速飙升，麦克肯兹惊喜地目睹报纸的销量一步步上升，直到成为世界一流的报纸。

很久之后，鲁珀特·默多克私下谈到此事时，仍然心有余悸，他说："其实，当时我也恐慌。可是事情已经发生了，我们唯一能做的就是减少损失，然后尽量将损失转化成我们的收获。果然，我们成功了，当然，你们也可以认为我们有好的运气。"

对于麦克肯兹，鲁珀特·默多克评价说："他是一个赌徒，就像我一样，我们都喜欢赌一把，这样才刺激，不是吗？我喜欢他这样，我从来没看到过他慌张，当然，除了《太阳报》那次事件。"

麦克肯兹的确是鲁珀特·默多克的一位得力干将，他在各个领域都派有专门的记者，甚至关于英国皇室的一些丑闻都不放过，因为这是报纸最大的噱头了。英国女王也为此头痛不已。

默多克喜欢挖掘人才，在这方面他同样有些"赌徒"色彩。

当时，他任命大胆、善于挖掘丑闻的亨利为《世界新闻报》的主编。《世界新闻报》的风格在亨利接手之后比以前更加"低俗"，鲁珀特·默多克此时已经很有钱，为了照顾政治伙伴的脸面，他的报纸不能过于"伤风化"，因而在内容方面，他开始有意识地节制。

可是，亨利不理解鲁珀特·默多克这么做的原因，她只想提高《世界新闻报》的发行量。

最终，默多克不得不让她离开，关键时刻，还是麦克肯兹临时担纲，帮助《世界新闻报》扭转了局面，避免了更大的损失。

第十章　危机以及崛起

1. 山雨欲来风满楼

现代社会已经成为全球社会，经济也成为全球经济。对一家全球性公司来讲，世界政治环境的变化，以及带来的经济环境的变化的影响越发凸显。

20世纪80年代至90年代，东欧社会主义国家发生了剧变，民主党派和执政党斗争、民族和民族斗争……

斗争的直接结果就是使执政党陷入困境，再加上外部势力的干预，形式越发复杂。

最终，民主派取得政权，在这个过程中，个别国家甚至通过武装冲突，实现政权更迭，国家简直回到了殖民主义时期。

"这不是我们想要的，我们应该接受更加民主的管理，而不是为某一派政党当走狗！"当时一些激进的民众如是说。可以看出来，东欧已经完全处于混乱当中了，就像是一堆干柴，遇见火星就着。

最终，多数国家实行政治多元化、多党制，民主派因而得以扩大势力。

1989年，欧洲的变化暂时宣告结束。但是，这场变化对世界经济的影响才刚刚开始，而对鲁珀特·默多克掌握的媒体帝国的影响，也才刚刚开始。

不久，由于世界格局的变化，世界经济形势走低，全世界进入了经济衰退时期。

在澳大利亚，日本因为国内经济形势的低迷，宣布撤出了在这里的短期货币市场。对鲁珀特·默多克来说，打击真正到来了！

默多克在澳大利亚的新闻集团在这个市场上的贷款金额达到了两亿欧元。日本人撤出了这个货币市场之后，新闻集团出现了前所未有的信贷危机。

世界经济的波动让鲁珀特·默多克心急如焚，他的资金周转出现了问题，默多克连忙联系美国和英国的银行，看还有没有救急的措施。

正如所有企业家都知道的一样：当你处在高速发展的过程中，银行会锦上添花；不过，当你处在崩溃边缘时，银行也会把自己的梯子撤走，让你从高空坠落。

很明显，银行对待此时的鲁珀特·默多克不会有好脸色。

在澳大利亚和英国未能寻求到帮助的默多克想到了美国——自由的国家，他想在那里或许会得到帮助。于是，他专门坐飞机到美国，结果却收到了美国银行要求还贷的消息。

默多克气得脸都绿了。他想，自己出道这么多年了，辛辛苦苦建立了媒体帝国，如果现在栽倒，那可真是太可惜了。他回到家中，不说一句话，呆呆地坐在地板上想，自己现在拥有的钱应该可以摆满一个房间了吧，可这些钱从来都只是银行里面的数字，而现在，一块无形的大橡皮要把自己辛辛苦苦挣下的数字给擦掉。

随后，鲁珀特·默多克汇总各出版公司的债务情况，统计显示，贷款金额达到了24亿美元。鲁珀特·默多克意识到危险的存在，这些年，他力图建造传媒帝国，为了实现目标，他的眼光几乎全放在公司规模的扩大上来了，凡是有好的报纸，他就收购。当然，这种进攻无底线的做法在经济稳定的时代管用。

可是，鲁珀特·默多克如今处在世界经济大动荡时期，他在经营上几乎忽视防守的做法终于带来了大灾难。24亿美元，鲁珀特·默多克一直自鸣得意的"风险前沿"理论再也不能给他带来光彩了。

鲁珀特·默多克觉得自己还需要拼搏一下，于是他将自己的得力助手都找来，商量对策。在默多克的办公室，助手们都坐下了，只有默多克走来走去，他不停地看着自己的手表，好像记错了时间就会遭受灭顶之灾。

为了缓解气氛，大家轮番说话。

面对恶劣的经济环境，一共有三种意见：有人说最重要的是为了保持公司的信誉偿还贷款；有人说最重要的是为了生存下去找地方贷款；还有人说最重要的是拉拢一些银行，尽量延长还贷的时间。

鲁珀特·默多克听取了所有人的建议，最后定下来面对目前困境的策略。

策略分成两步：第一步，派了十几个善于跟政府打交道的助手，寻求政府的支持。第二步，派善于和银行打交道的助手寻找可以贷款的银行，对于那些要求还贷的银行，他也尽力周旋。

经过努力，他的公司还在勉勉强强运行着。可大家都明白，鲁珀特·默多克的公司已基本上成为一堵危墙了，这墙颤颤巍巍，处理不好瞬间就会倒闭。

此时，平时对传媒帝国的皇帝默多克看不顺眼的人开始说风凉话，他们公开宣布，这个不可一世的"传媒界的魔鬼"就要灭亡了。

1990年，世界经济情况进一步恶化。银行本来还是有计划地撤出，这时候已经变成逃命了。

年底进行财务总结的时候，新闻公司这一年的债务居然是上一年度的六倍，而这些债务大部分都是短期贷款。董事会成员开始质问鲁珀特·默多克："为什么您知道短期贷款到最后利率会下跌，而到现在我们的债务还是这么多？"

鲁珀特·默多克相当懊恼，在他的计划中，短期利率的确会大幅度下跌，等到利率下跌，再转换成长期债务，可财务结算结果表明，鲁珀特·默多克的这次赌博输了。

默多克的无奈和沉默让他的威信一落千丈，董事会成员也不愿过分激怒这只老虎。于是，一时间，会议室中空气像是凝固了一样。

大约过了半个小时，默多克缓和了一下自己的语气，尽量显得胸有成竹地说道："因为我的决策失误的缘故，使得公司的财务出现了问题，我在此向大家道歉。但是，我们的公司现在仍处在悬崖边上，还没有掉下去，我们唯一能做的，就是坚持下去，等待时机。如果有人现在退出公司，我不会拒绝；如果大家还想实现我们的传媒帝国的梦想，那么，让我们一块坚持！"

众人从来没听说过鲁珀特·默多克跟人道歉，再加上他那极具煽动力的话，都觉得自己心潮澎湃，意志坚定起来，没有一个人要退出。

2. 扭转乾坤

鲁珀特·默多克的传媒帝国和花旗银行在一条船上，因为他的大部分债务都是这家银行的。

就在默多克走投无路的时候，花旗公司的副总裁安·莱恩在重新对鲁珀特·默多克的一百多家企业进行评估之后，做出了一个让默多克感激一生的决策，花旗银行支持他。

一天，莱恩会见了默多克。

莱恩在调查之后发现，这么一个传媒界的传奇人物从继承父亲的报纸到现在，竟然没有一套完整的经营方案。

"鲁珀特，你认为经商最重要的是靠直觉吗？"莱恩一脸疑惑地问他。

鲁珀特·默多克失落地说："是我自己的直觉。别人的思路会打乱我的。"

"好吧，默多克先生，如果现在是经济稳定时期，我不得不佩服您就凭自己的直觉做出这么大的产业，了不起！可是如果拿到现今，我又不得不警告您一下，您要多考虑坏的结果。"作为花旗的副总裁，莱恩谨慎地说。

"如果我是一个有忧患意识的人就好了。"默多克承认了自己的缺点。

莱恩要求默多克的新闻公司做出一份稳定的商务计划，他拿着这份计划去跟银行谈，以求获得还贷延期。

同时，莱恩和她的助手们夜以继日地清理鲁珀特·默多克的债务，对一些小的银行，花旗银行亲自出面，给那些银行家们施加压力，让他们延长还贷时间。

经过一番努力和花旗银行的影响力，她成功说服了一大批银行给鲁珀特·默多克的公司提供新一轮的贷款。

风险显而易见，倘若一系列的努力没有回报，花旗公司和鲁珀特·默多克的公司都要经受灭顶之灾。

即便已经得到花旗银行的帮助，鲁珀特·默多克也没有闲着，他在全世界轮回演说，请求各家银行给自己贷款。当时有报纸报道鲁珀特·默多克，说他"从一个天神般的形象变为了一个乞丐，但是他的脸上没有那种绝望的感觉，他或许是一个善于将自己的恐惧隐藏起来的人"。

虽然默多克"善于将自己的恐惧隐藏"，但他的目的并没达到，一家一家的银行开始撤出对鲁珀特·默多克的支持。

在众多银行中，最"绝情"的莫过于匹兹堡银行。

1990年12月6日晚，就要半夜了，这家银行仍然给新闻公司打电话追讨贷款，"你们的贷款就要到期了，请把钱还给我们吧。"

这家银行的贷款是1000万美元。1000万美元，对于从前的默多克来说，简直是九牛一毛。不过，对现在的他来说，可就是重如千钧。

鲁珀特·默多克用恳求的口气跟他们商量，可否延迟一下，对方的回答更加果决："不行，让我们对你们的公司进行破产管理吧。"

接完电话以后，鲁珀特·默多克气得两手发抖。居然有人敢这么和他说话，这就是所谓的落井下石。

鲁珀特·默多克赶紧找到莱恩商量对策，莱恩首先想到的是撒切尔夫人。

"可是，她和她的领导集体刚刚被迫辞职。"鲁珀特·默多克沮丧地说道。

莱恩只得给花旗公司的总裁约翰·里德打电话，请他给匹兹堡银行打电话。看能不能起作用。里德得知情况后，马上拨通了匹兹堡银行的电话，鲁珀特·默多克和莱恩就守在里德的身边，如果这次尝试不能成功，他们真的就完了，鲁珀特·默多克的脸上全是汗水，脸色通红，莱恩修长的十指绕在一起，同样非常紧张。

"喂，您好，我是花旗公司的总裁里德，嗯嗯，我们知道这个情况，我们银行和新闻公司有合作，并且，我们是他们最大的债主，所以，如果有什么损失的话，我们应该受害更大一些，不是吗？可是我们经过评估之后，发现他的公司还是有可能拯救的，只要我们债权人团结到一块。喂喂，不要……"

里德挂上电话，说："秘书接的，这么重要的事情她认为让总裁跟我们直接对话为好，态度不是非常坏。"

默多克悬在嗓子眼儿的心又落了回去，莱恩长舒一口气。

不一会儿，里德又打过电话去，"对对，是我，您好！我们想就鲁珀特·默多克先生的公司债务情况跟您谈一下，什么？是的，我是最大的债主，我们评估后发现，鲁珀特·默多克的公司控制了澳大利亚七成以上的报业，英国三成以上的报业，并且他经营的电视网遍布很多国家，这么一个大型的跨国公司，我们这些还想做生意的人还是不让它破产为好吧？是的，我们已经和一百多家银行谈定了，他们已经在考虑当中了，我们没有偿还任何一家的贷款，对对，您是第一家，现在我可以接着说吗？新闻公司如果破产，我们可以想象整个世界的经济都会为之震荡，所以，好吧，我等您的消息。"

"我还没跟这样的小喽啰这么客气地说过话呢。"里德放下电话，对默多克和莱恩说。莱恩忍不住笑了。默多克凑过身子来问怎样了。"等他考虑，先回去休息一下儿吧，鲁珀特，你的眼珠红了，滴点儿眼药水。"

默多克回到家，等了半个小时左右，他迫不及待地给匹兹堡银行打了电话。

"您好，是我，鲁珀特·默多克本人。"默多克提高了嗓音，尽量压住自己激动的情绪，对方却没有回答，默多克干脆直接问道："我们的贷款可以延迟一下吗？"

匹兹堡银行方面回答说："我现在还有别的事情。"

默多克啪地把电话摔下去，闭上眼，想了一会儿，又捡起来，重新打过去，他正在考虑是不是先要给对方道歉，对方却说："您好，我是匹兹堡银行的信贷主管，请问您有什么事情要咨询吗？"

默多克刚要将准备好的话一句句说出来，对方说："我们已经决定给您贷款了，默多克先生。"

默多克挂了电话，站在大窗户前，握紧双拳，大吼一声，然后像一尊雕像，站住不动，片刻之后，两行喜悦的泪水从他的眼睛里淌下来。

从第二天开始，鲁珀特·默多克开始用各种方法调整公司的经营，他有这个能力，6个月之后，新闻公司最终摆脱了这次财务危机。

这次危机对鲁珀特·默多克来说是非常好的一课，他的人生早就不缺少辉煌，不缺少掌声和鲜花，他缺少的是真正的逆境。

早在他的母亲伊丽莎白对他进行异常严格的教育的时候，他就学会了内敛，可是默多克没有学到更多，坦白地说，他缺少一次沉重的打击来让自己变得更加沉稳，而这次经济危机无疑给了他一个警示。

3. 面向东方

对于鲁珀特·默多克来说，建立自己的帝国是人生的梦想。坎坷和打击是不可避免的，但是，所有的挫折都只是成功路上的绊脚石而已。当他成功度过危机以后，想到的第一个问题仍然是如何扩大规模，但是，这一次，他显得比从前稳重了。

资料统计显示，当时的鲁珀特·默多克新闻公司已经成为了世界第三大的企业。同时，鲁珀特·默多克这些年来在电视传媒行业做了非常多的投资，他在澳大利亚拥有一家电视台百分之十五的股份，鲁珀特·默多克甚至还向美国广播公司、哥伦比亚广播公司和全国广播公司这三大传媒界的领头公司发起了挑战。

默多克的卫星有线电视台拥有了三百万个用户，他的新闻广播电台更是咄咄逼人……

默多克的产业就像是一棵大树，经历过这场暴风雨的洗礼之后，叶子更加翠绿，更加生机勃勃。

默多克如今已经不再把自己的所有精力放到收购其他的报纸上面了，这个顾头不顾尾的做法差点儿让他走进了绝境，他现在的想法是，要将自己的产业整体化发展，无论是电视、报纸、通讯设备的发展，还是娱乐电子等，需要联合在一起才能增强抵御风险的能力。而同时，打击同行也是一个保持自己实力的有效方法。鲁珀特·默多克将自己的想法在董事会上提了出来，大家一致认为，第一个想法需要长时间地计划一下，而第二个现在立马就可以开始。

于是，1994年，鲁珀特·默多克开始了一次冷酷的打击战争，经过对英国市场的评估，鲁珀特·默多克认为，只有自己的《太阳报》《泰晤士报》和其他人的《每日电讯报》和《星期日镜报》能够竞争一番。所以，默多克决定，将自己的两份报纸价格调低，来打压竞争对手。

首先，《太阳报》和《泰晤士报》的价格变成20便士每份，人们争相购买。而《每日电讯报》和《星期日镜报》的销售量迅速降低，这两家报社为了应对鲁珀特·默多克，也不得不降低自己报纸的价格，可这两家的实力怎么能够跟默多克相比？很快，他们就觉得吃力了，只能联合起来抵制默多克，可这对默多克没产生丝毫的影响，倒是他们，资产反而不断缩水，鲁珀特·默多克轻而易举地削弱了同行实力，自己的优势地位更加突出了。

但是默多克并不满足，他从同行联合起来的行动悟出了联合的道理。1996年，鲁珀特·默多克成功在美国开通了福克斯新闻有线频道。这样，他有了自己的播放新闻的频道，为了争取到观众，他跟MCI通讯公司联合在一起，开拓了自己的市场。

1996年，时代华纳公司和全国广播公司进行合作，对默多克发动战争。默多克略有些骄傲地说："作为一个传媒帝国的创造者，如果我没有被人视为敌人，那才是我最大的失败。等着吧，所有的事情都会有结果的。"

商场的风云变幻速度之快让人惊讶。不久，全国广播公司居然主动找到鲁珀特·默多克要求合作。

原来，全国广播公司有两个频道的节目需要默多克的亚洲卫星来进行播放。鲁珀特·默多克为了拆散联盟，没有丝毫犹豫，答应了他们的请求，两家公司签订了合约。

就这样，两个生意场上的对头轻易地成为了合作伙伴。

"毫无疑问，这次是鲁珀特·默多克赢了，而且赢得这样让人心悦诚服。"当时有一家媒体在报道这件事情的时候如此形容。

可是鲁珀特·默多克早就不是那个一两句夸奖就可以高兴半天的冲动型商人了，面对媒体的表扬，他同样一笑置之，他没有时间管这些，他在思考一件非常重大的事情。

什么事情呢？东方市场。

亚洲是世界上人口最多的地区，市场潜力当然巨大无比，如果在这里站稳脚跟，就会获得更多的收益。

此时，鲁珀特·默多克在西方的传媒产业已经处在稳固发展当中了。

不过，对他来说，东方还是一块处女地。

1992年，默多克在经济发达的香港买下了两家报纸，《南华早报》和《华侨日报》，默多克将这两份报纸联合起来进行经营，取得了非凡的成果。

对默多克来说，这两份报纸只是牛刀小试而已。但也正因为有了固定的资产，他便能悠闲地等待时机，以获得进一步扩张。

机会是留给有准备的人的，这话一点儿不假。

默多克听说了一个消息。

香港首富李嘉诚的儿子李泽楷，跟父亲一起在香港设立卫星电视，李泽楷利用卫星电视覆盖面积广的优点，积极操作，拓展市场。

几年以后，盈利已经非常可观。同时，李泽楷通过政府关系，将粤语节目禁播的规定解除，优势越发可观。

就在这时，李嘉诚经过慎重考虑，决定把投资战线收缩。于是他跟儿子李泽楷商量，是否应该将卫星电视转让。

李泽楷认真考虑了父亲的建议，并达成一致意见。李泽楷要卖掉卫星电视的消息传出，舆论一片哗然，都在猜测谁会是收购的赢家。

当时，收购者有好几家都颇具实力。其中包括经营《金融时报》的培生公司、美国华纳公司等。

而兴趣最浓、计划最早的，就是鲁珀特·默多克。

早已经暗中布局的默多克马上和李泽楷取得联系，表达了自己的意愿，李泽楷经过了慎重思考，认为双方在价格上相差不大，于是决定把公司卖给鲁珀特·默多克。鲁珀特·默多克从此拥有了卫星电视的转播权，算是在东方站稳了脚跟。

对媒体大鳄默多克来说，站稳脚跟只是初步，下一步，他将正式进军亚洲。

就在他积极寻找合作伙伴的时候，他的助手的一个意见给了默多克非常大的启示："董事长，我们可以去日本寻找合作者，因为日本是亚洲发展最快的国家了。"

4. 在全世界崛起

不久，默多克找机会来到日本。在出发前夕，他把自己的行程安排通过自己的媒体大肆渲染了一番。

到达日本后，他下榻在一家宾馆内，慢慢地等待时机。

不出所料，同样在为寻找贸易伙伴着急的孙正义听说默多克来到日本，非常高兴。

孙正义通过中间人介绍，找到鲁珀特·默多克住的宾馆，诚恳地给鲁珀特·默多克发了一封邀请函。

邀请函上孙正义询问鲁珀特·默多克可否进行一次会面。

默多克此次日本之行的目的之一本来就是吸引孙正义，目的达到，他同意了孙正义的请求。

会面当天，孙正义头发梳得一丝不苟，提前半个小时到银座等候。

不一会儿，鲁珀特·默多克到了。

孙正义满面笑容地迎上去，默多克和他热情地握了手，便进入包房。

孙正义笑着说道："默多克先生风度优雅，气势强，一看就是有魄力的人哪！"

默多克也恭维说："孙正义先生将自己的公司打理得井井有条，也是很让人佩服的。"

主客双方都很谨慎。默多克心想：为了争取主动，此时是不可以表现得过于兴奋的，便不大说话。

孙正义见默多克如此，于是首先询问了默多克在亚洲的发展。

翻译告诉了默多克，默多克一笑，说："卫星电视在李泽楷先生的手里就那么赚钱，在我的手里收益却大不如从前，我也要快没有立足之地啦。"

孙正义听完默多克的话，回答说："话不能这么说，如果默多克先生不稀罕在香港投资了，我们日本是非常非常欢迎您的。"

默多克开玩笑似的说道："噢？是吗？我记得三四年前，我想在日本落脚，可是日本没有我的容身之地啊，当时我可是感慨万千呢。没想到，才过了这么几年，日本就有了这么大的变化。唉，时间过得真快呀！"

孙正义听完默多克对日本的评价，脸现尴尬，站起身来，朝着鲁珀特·默多克鞠了一躬，说道："默多克先生，我为我国人民的无礼向您道歉。"

然后站在那里不动了。

鲁珀特·默多克不太懂得日本的礼仪，连忙问翻译这是什么意思，翻译告诉了默多克之后，他只是笑了笑，站起来请孙正义入席，孙正义入席之前，又鞠了一躬。

回到席中，孙正义继续试探："有人说您要在日本建立一个卫星电视节目，不知道这是不是真的？"

默多克听完之后，故作悠闲，他缓缓地将一根鱼刺剔出来，然后说道："说实话，这件事情在我的计划当中，只是我这次来日本，可能还有别的事情。"

孙正义经商多年，多么精明，岂能不明白默多克在故作回避。只是，此时也不方便多做打探，只能旁敲侧击，他问道："那么，您打算在日本做一些什么样的项目呢？要知道，只要您在我们国家投资，这就是我们国家的荣幸！"

默多克心想，这个人有意思，还跟我玩起了持久战，那我就再打击他一下，于是他笑了一笑，说道："这个嘛，说实话，我还是没真正确定下来，你看，世界经济这些年来一直是动荡不安的，在跨入新领域之前，我得考虑周详，你说呢？"

孙正义赶紧点头称是，心道这老头果真不简单，说什么都只是打太极，从无一句坐实的话。看来还得继续试探。于是过了一会儿，见默多克情绪重新低落，孙正义只得再找话题。他问道："默多克先生来到亚洲，肯定还是有自己的想法的吧，那么，可不可以将您的想法说出来，让晚辈学习一下儿怎么经商呢？"

默多克心想，火候已到，不能再拖。对于孙正义自己虽然了解不多，可毕竟是日本首富，经商多年，耐心也有限度，别把到手的好事情办砸，便笑着说道："孙先生果然是非常有诚意的人，我很欣赏你这点。那我就直接说了，实不相瞒，我这次到亚洲就是为了扩展市场，只是在贸易伙伴的选择上，我还是需要考虑的。"

孙正义一听这话，知道双方已经坦诚相见。但默多克话里的意思也很明显，所谓合作对象，也不单是孙正义，谁有诚意就和谁合作。于是，他说道："默多克先生，您别看我的身材不高，可是智商可能还在一般人之上呢。您可以考虑一下把我当成您的贸易伙伴吗？"

默多克果决地回答说："至少现在我就跟你一个人打了交道，你们日本不知道还有什么人才没，哈哈，孙先生，跟你开个玩笑，我不敢说我们已经定下来跟你合作，可至少现在，你是我们的第一人选。"

吃完饭，孙正义恭恭敬敬地送默多克回去。

过了几天，默多克想，孙正义的耐心和诚意都已经表现充分，合作事项不能再拖，否则，可能会失去这个贸易伙伴，于是邀请了孙正义来吃饭，孙正义兴奋不已。

第二次见面非常成功，二人确定了合作意向。默多克和孙正义合资买下了日本朝闻电视台超过两成的股份，成为最大的股东。当时有人说道："默多克的手终于伸到了亚洲，希望他不要将日本的传媒行业垄断了。"

默多克所到之处，必然引起强烈反应。当默多克在亚洲的业务真正展开，默多克的名字就响彻在日本商界上空。

与此同时，默多克始终没有忘记一个世界上人口最多的国家——中国，1996年，中国著名记者李文政采访鲁珀特·默多克。

默多克愉快地接受了采访，他在采访过程中对中国的繁荣给予了中肯的评价，他说："我对中华文明的热爱，肯定是源自我的祖辈们的影响，我很小的时候就亲眼见证了我的父亲收藏中国的陶器、瓷器和各种古董。我现在还记得当时父亲拿放每一件古董时都万分小心，只可惜的是，父亲去世之后，为了不睹物伤心，很多古董都卖掉了，现在看来，真是太可惜了！"

当被问到对中国艺术的看法时，默多克顿时兴奋起来，他开朗地笑着，回答说自己的办公室里就悬挂着书法家邵华泽送给他的字呢。

"非常漂亮、有韵味。"

他接着说："我的公司是一家世界型的公司，中国拥有世界上最多的人口，人才众多，我想，我的公司要有更多的中国人参加，才能成为真正的国际化公司。"

此后，默多克不断与中国企业合作。2004年，他的新闻集团与中国青海卫视以及另外几家公司组建合资公司，他的星空卫视也播放了很多中国化娱乐节目。另外，默多克的电视卫星选定的运载火箭也是中国制造的。

尽管因为各种不同的原因，鲁珀特·默多克在中国的经营没有在西方经营顺利，可是默多克在亚洲已经形成了强大的势力，世界传媒第一人，非他莫属。

鲁珀特·默多克的故事至此告一段落，当然，他精彩的人生还在继续：譬如收购美国多家报纸及福克斯影视公司等。

精彩的人才有精彩的人生，鲁珀特·默多克正是这样一位精彩的名人。

附录

默多克生平

默多克，1931年3月11日出生于澳大利亚的墨尔本市。

默多克家族原本世居英国，后来来到澳大利亚生活。默多克的父亲名叫基思·默多克，虽然口吃，却做了一名战地记者。最终，凭借坚强的毅力和拼搏精神，成为了澳大利亚先驱和新闻周刊的董事长。

1952年，默多克的父亲病逝后，他继承了家族事业，担任了阿德莱德的小报《新闻报》的总经理。

在对几份产业进行了一番评估后，默多克惊讶地发现报社处于亏损状态，于是他精简机构，只保留了《星期日邮报》和《新闻报》，将其余报纸出售。在默多克的精心管理下，报社很快便有了起色。随后，他出人意料地收购了主要的竞争对手《广告报》。收购完成后不久，默多克又筹措到足够款项，收购了位于帕斯市处于亏损的《星期日时报》。

一系列的收购大大扩充了默多克的实力。令人惊讶的是，默多克总能在收购完成后，将处于亏损状态的报纸变为盈利，这给了他充分的信心，也让他日益成为令人恐惧的收购大鳄。

当默多克初步完成了阿德莱德的事业以后，他决定向悉尼进军。当时，悉尼报业由费尔法克斯、帕克家族、诺顿家族统治。

这三大家族中，费尔法克斯经营着《太阳晚报》《先驱早报》《每日电讯报》和《星期日电讯报》由帕克家族掌管。另外，诺顿家族的《镜报》则亏损连连。于是，诺顿将《镜报》转让给费尔法克斯，费尔法克斯接手以后，无法扭转局面。默多克看到收购良机，果断地以400万美元的价格收购了该报纸。同时，默多克还获得了多家印刷厂。

随着事业的发展壮大，默多克渐渐不满足于澳大利亚的产业，他开始讲目光投向了英国。

1968年秋天，默多克等待良久的机会终于出现。当时，已经在英国寻觅许久的默多克听到一个消息，英国最大的星期日周报《世界新闻报》因为经营不善将要出售，默多克迅速出击，收购了它部分股份。

成功收购《世界新闻报》以后，为了扭转不利的局面，默多克着手调查了关于报纸销量不佳的问题，最终得出两点。第一，教育水平提高。第二，电视的普及。

面对不利局面，默多克决定改变报纸内容，在他的授意下，报纸大量发布骇人听闻的新闻。这在外人看来有损报纸精神的方式果然奏效，报纸很快销路大开。不过半年，默多克再次收购了部分股份，成为主席。

就在所有人都为默多克这位外乡人的胃口感到惊奇的时候，默多克已经认定了下一个收购目标——《星期日镜报》，但该报并不打算出售。在顾问的提醒下，默多克决定转移目标。当时，《太阳报》经营出现问题，将要出售。于是，默多克再次震惊英伦，将该报纸也收入囊中。

收购完成以后，默多克从澳大利亚调来有经验的编辑，加大促销力度。在这些措施下，太阳报在英伦半岛迅速崛起，年销售量迅速攀升至200万份。据统计，在20世纪80年代至90年代初期，《太阳报》成为英伦半岛日销量最大的英文报纸。

随着事业的蓬勃发展，默多克再次显示出他惊人的能量。经过慎重思考，默多克决定转战美国市场。

　　进入美国市场后，默多克于1985年高价买下电影业巨头福克斯公司股票。同时，他趁机收购了7家电视台，组建了庞大的福克斯电视公司。

　　与此同时，默多克也没有停止对报业的收购。1982年，默多克买下《先驱美国人报》，并将其改名为《波士顿先驱报》。第二年，他又收购芝加哥地区代表性的报纸《太阳时报》。

　　此时，默多克的名字响彻在西方的上空。他出现在哪里，哪里就将刮起一阵默多克旋风。不过，人们对默多克的评价走向两个极端。一部分人认为，默多克是一个有魄力、精明的企业家，富有传奇色彩。但在另一部分人看来，默多克浅薄、低俗，他给西方的大众文化带来了伤害。

　　1998年，当默多克的名字出现在曼联俱乐部的收购者名单中时，曼联队的球迷们愤怒了，他们走向街头进行抗议。最终，迫于压力，英国政府否决了默多克的收购。

　　不过，小小的挫折怎么会让雄心勃勃的默多克收手？2007年5月，默多克再次震惊商界，他提出计划以每股60美元共计50亿美元的价格收购道琼斯集团。三个月后，默多克完成收购。

　　收购完成当天，道琼斯公司的股价上升了11.3%，收盘价逼近了默多克收购道琼斯60美元的出价。

　　收购完成后，商界人士忽然发现，默多克已经成为了一个庞然大物。他的媒体帝国横跨报业、电视业，目前，默多克领导的新闻集团是世界上规模最大、国际化程度最高的综合性传媒公司之一。这个集团拥有20世纪福克斯电影公司、福克斯广播公司、福克斯新闻频道等众多知名公司。

　　此时的默多克已经渐渐步入老年，但人们惊讶地发现，默多克不但没有精力衰竭，胃口反而更大了。2014年7月，二十一世纪福克斯公司以令人惊叹的800亿美元报价时代华纳集团，一时间，舆论哗然，都不知道默多克此举何意。不过，时代华纳最终拒绝了二十一世纪福克斯公司的"鲸吞"计划，收购不了了之。

到目前为止，默多克已经完成了自己少年时代的梦想，建立了庞大的传媒帝国。而这个帝国，也许还会在未来，给人们越来越多的惊喜。

默多克年表

1931年，1岁，默多克出生于澳大利亚，他的父亲是一名战地记者，也是几家报社的董事长。

1952年，22岁，默多克的父亲去世，默多克从英国赶回家中处理后事。随后，继承了阿德莱德的小报《新闻报》，但在清算过程中，默多克发现几家报纸经营状况堪忧。刚满22岁的默多克此时显示了优秀管理者的素质，他保留了《星期日邮报》和《新闻报》，出售了其他报纸，扭转了不利局面。

1964年，34岁，经过一系列的前期准备金，默多克发行了澳大利亚第一份全国性的报纸《澳大利亚人报》。报纸发行后发展迅猛，1967年，发行量达到75000份。

1981年，51岁，默多克收购了在英国有着悠久历史的《泰晤士报》。

1985年，55岁，美国二十世纪福克斯公司陷入困境，早已对电视产业垂涎三尺的默多克高价买下股票。与此同时，他还收购了另外一家公司的7家电视台，组建了福克斯电视公司，从而以"默多克旋风"轰动了西方世界。

1988年，58岁，默多克完成收购柯林斯公司的计划，该计划从酝酿到实施完成总共花去了八九年时间。

1998年，68岁，默多克欲以巨资收购英国曼联足球俱乐部，但被英国政府否决。

2014年，84岁，默多克媒体帝国旗下的二十一世纪福克斯公司，拟报价800亿美元收购传媒巨头时代华纳集团。但时代华纳拒绝了二十一世纪福克斯公司的"鲸吞"计划。